W0172522

Ingrid Boller
Vom Glück, draußen zu sein

Ingrid Boller

Vom Glück, draußen zu sein

Schöne Gedanken und Tipps für jede Jahreszeit

neukirchener
aussaat

Die Bibelstellen sind der Übersetzung „Hoffnung für alle" entnommen,
© 1983, 1996, 2002 International Bible Society. Übersetzung, Herausgeber und Verlag: Brunnen Verlag, Basel und Gießen.

Bibliografische Information der Deutschen Nationalbibliothek

Die Deutsche Nationalbibliothek verzeichnet diese Publikation in der
Deutschen Nationalbibliografie; detaillierte bibliografische Daten sind
im Internet über http://dnb.d-nb.de abrufbar.

© 2012 Neukirchener Verlagsgesellschaft mbH, Neukirchen-Vluyn
Alle Rechte vorbehalten
Umschlaggestaltung: Miriam Gamper-Brühl, Essen,
unter Verwendung verschiedener Illustrationen von © Shutterstock
Lektorat: Sarah Schultheis
Satz und grafische Gestaltung: Miriam Gamper-Brühl, Essen
Illustrationen: © Shutterstock
Fotonachweis Innenteil: S. 128
Verwendete Schriften: Gill Sans, Swift, Trajan Pro
Gesamtherstellung: CPI – Ebner & Spiegel, Ulm
Printed in Germany
ISBN 978-3-7615-5894-2

www.neukirchener-verlage.de

INHALT

Liebe Leserin, lieber Leser,

wann hatten Sie das letzte Mal den Duft eines frisch gepflügten Ackers in der Nase? Wann sind Sie knöcheltief im raschelnden Laub versunken oder haben einer Libelle bei ihrem kunstvollen Hubschrauberflug zugesehen? Im hektischen und technisierten Alltag vergessen wir häufig, welche Besonderheiten wir in der Natur entdecken können und wie genial Gottes Schöpfung ist. Die Geschichten in diesem Buch, aber auch die Rezepte, die Pflanz- und Deko-Tipps, die Gedichte und Gebete wollen Lust machen, sich neu darauf einzulassen, daraus Energie zu tanken und hinter allem den kreativen Gott als Liebhaber des Lebens zu entdecken. Wenn wir Augen und Ohren offen halten, dann können wir den Wechsel der Jahreszeiten mit allen Sinnen erleben und genießen. Lassen Sie sich den Wind um die Nase wehen, spüren Sie den Wundern der Schöpfung nach – ich wünsche Ihnen ganz viel Spaß beim Lesen und viele gute Gedanken und Impulse,

Ingrid Boller

Frühling

Biowärme im Herzen

Märzenbecher, Krokusse, Winterlinge und Leberblümchen – sie alle sind für mich kleine Kostbarkeiten des beginnenden Frühlings. Und wer würde sich nicht besonders auf die ersten Schneeglöckchen freuen? Sie haben wohl nur auf ein mildes Lüftchen gewartet, und heute ist es nun endlich so weit: Die ersten Blüten sind da. Wenn diese zarten Blumen lächeln könnten, würde ich mich nicht wundern, wenn sie mich mit triumphierender Miene anschauen würden. Sie haben dem eisigen Winter getrotzt und sich langsam, Stück für Stück, aus dem kalten, harten Boden geschoben. Dort, wo kein Schnee liegt, konnte ich das schon seit Längerem beobachten. Und jedes Jahr staune ich neu darüber, wie früh die Pflanzen sich auf den Weg machen. Meist in ganzen Grüppchen, büschelweise, stehen sie zusammen. Sie tragen zwar noch Winterfarben, zeigen jedoch: Der Winter ist vorbei, auch wenn Schnee und frostige Nächte noch eine andere Sprache sprechen.

Schneeglöckchen wurden in den letzten Jahren neu entdeckt und die kleine Pflanze hat viele Liebhaber gefunden. In Nettetal am Niederrhein finden jedes Jahr Schneeglöckchentage statt, die Bewunderer der Blume aus dem Inland, aber auch aus England, den Niederlanden und Österreich anlocken. Hier wird gekauft, getauscht, bestaunt und sich ausgetauscht. Inzwischen gibt es viele verschiedene Sorten, die sich in Farbmusterung und Blütenform unterscheiden.

Bei manchen Sorten sind die Blüten gefüllt, andere tragen grün getupfte äußere Blütenblätter.

Schneeglöckchen wachsen nicht nur in unseren Gärten oder Parks, man findet sie auch in feuchten Laubwäldern. Diese wilden Glöckchen sind allerdings selten und dürfen nicht abgepflückt werden, weil sie unter Naturschutz stehen.

Schneeglöckchen besitzen eine faszinierende Fähigkeit. Sie sind in der Lage, sogenannte Biowärme zu produzieren. Mit Hilfe ihrer Zwiebel erwärmt sich die Pflanze auf etwa acht bis zehn Grad Celsius und bringt dadurch den Schnee um ihren Blütenstiel einige Millimeter zum Schmelzen.

Wärme, die das Schneeglöckchen selbst produziert und damit der Kälte um sich herum ein Schnippchen schlägt – kann ich das, im übertragenen Sinn, auch? Bin ich in der Lage, aus mir selbst heraus meiner Umgebung Lebenswärme zu geben, meinen Mitmenschen immer liebevoll zu begegnen, ihnen bedingungslose Wertschätzung entgegenzubringen?

Prinzipiell bin ich sicher kein unfreundlicher Mensch, aber ich kenne durchaus die Abgründe meiner Seele und weiß, wie schnell ich auch verärgert sein kann. Nicht immer gelingt es mir dann, freundlich zu bleiben und daran zu denken, dass mein Gegenüber von Gott mit seinen Fehlern genauso geliebt wird wie ich.

Sicher werde ich dieses Ideal in meinem irdischen Leben nie völlig erreichen. Aber die Zwiebel des Schneeglöckchens erinnert mich an Gottes Heiligen Geist. Als Tochter Gottes habe ich Zugang zu ihm und seiner Kraft. Je mehr ich zulasse, dass er in mir wirken kann, umso mehr kann ich so leben, wie Gott es sich gedacht und Jesus Christus es vorgemacht hat. Davon werden nicht nur meine Mitmenschen profitieren, sondern auch ich selbst, weil mehr und mehr Friede in mein Herz einziehen kann.

Denken Sie daran, wenn Sie das nächste Mal ein Schneeglöckchen sehen: Gottes Heiliger Geist möchte die wärmende Zwiebel in unserem Herzen sein!

Lob auf den Frühling

Frühling ist Erwachen,
Wärme, Jubel, Kinderlachen!
Sonnenschein, warm auf der Haut,
Schnee, fast gänzlich weggetaut.
Himmelsbläue, hoch gespannt,
klare Sicht, bis weit ins Land.

Vögel, froh, voll Übermut,
zwitschern ... Ach, es klingt so gut!
Weiße Wolken langsam zieh`n,
erste Blumen herrlich blüh`n.
Hoffnungsschwanger, in der Luft
liegt ein ganz besondrer Duft.

Knospenfülle, Fröhlichkeit ...
Herrlich! Das ist Frühlingszeit!

© Annette Andersen

13

Chancen nutzen

Von weit hinter den geraden, schlanken Stämmen scheint mir die Morgensonne dieses Frühlingstages entgegen. Es ist noch früh im Jahr, und so durchbrechen ihre Strahlen im flachen Winkel den kaum sichtbaren Morgendunst. Diese Zeit hat ihr besonderes Licht und ihre besondere Atmosphäre.

Der Waldboden ist zum Teil noch mit einer Schicht alten Laubes vom Vorjahr bedeckt, auch Bucheckernhülsen und braune Eicheln sind noch da und knacken beim Darübergehen. Hier und da schaut die feuchte, humusreiche Erde hervor. An vielen Stellen sprießt junges Grün, vor allem dort, wo das Sonnenlicht es geschafft hat, den Boden für ein paar Stunden zu erwärmen. Der Weg ist uneben, knorrige Baumwurzeln und herabgefallene Äste erfordern meine Aufmerksamkeit, damit ich nicht stolpere.

Überall kann ich die Kraft des Frühlings sehen: Hier rollt sich ein Farnblatt aus dem Winterquartier, dort ist die glänzende, braune Hülle einer Blattknospe bis aufs Äußerste angeschwollen. Bald wird sie aufbrechen und das frische Grün freigeben. Und dort ist eine Stelle, wo frisches Moos einen Platz gefunden hat. Das muss ich einfach anfassen! Die dicht an dicht stehenden kleinen Moospflänzchen bilden ein weiches Polster. Einen Augenblick schließe ich die Augen. Erinnerungen steigen in mir auf. Als Kinder haben wir kurz vor Ostern in unserem Garten ein Osternest für den Osterhasen gebaut. Aus alten Ziegeln und Backsteinen wurden Wände und Dach konstruiert. Und dann – das war wichtig – wurde das Ganze mit Moos ausgekleidet. Für uns Kinder war es nur logisch, dass der Osterhase einen geschützten Ort brauchte, um die Ostereier und Süßigkeiten für uns abzulegen.

Im Frühling sind die Veränderungen in der Natur besonders deutlich zu sehen. Heute sind die Knospen der Laubbäume zwar schon recht dick, aber die Blätter sind noch gut verpackt. Der Wald sieht hell und weit aus. Mögen Sie diese lichten Frühlingswälder auch so sehr? Ihre Helligkeit sorgt dafür, dass das Buschwindröschen zu Füßen der mächtigen Stämme jetzt seine Blütenpracht entfalten kann. Die zarten Pflanzen bilden Kolonien und bedecken wie ein Teppich große Flächen des Waldbodens. Die weißen Blüten sind nicht besonders spektakulär, aber diese Waldfrühlingsblume hat etwas Anrührendes und die weiß-grünen Flächen, die sie hervorbringt, sehen einfach toll aus.

Das lichthungrige Buschwindröschen hat seinen Lebenszyklus perfekt an seine Umwelt angepasst. Es blüht zu einer Zeit, in der die Bäume seines Lebensraumes noch kein Laub tragen und die Pflanze auf diese Weise genug Sonnenlicht bekommen kann. Buschwindröschen nutzen ihre Chance, wenn ihre Zeit gekommen ist.

Auch für mich ist es wichtig, meine Zeit zu nutzen. Nicht in dem Sinn, dass ich möglichst sofort alles ausprobieren müsste, weil mir die Zeit davonliefe. Nein, es geht darum zu erkennen, was jetzt und hier für mich „dran" ist. Welche „Aktion" ist angesagt – oder brauche ich Rückzug und Ruhe?

Das Buschwindröschen hat unterschiedliche Lebensphasen, die es entsprechend nutzen muss, um weiterzuleben. Die kleine Blume hat es da einfacher als wir Menschen, ihr Lebenszyklus ist vorgegeben. Wir haben ein Vielfaches an Gestaltungsfreiheit zur Verfügung, und nicht immer ist klar, wie der nächste Schritt aussehen soll. Wenn ich vor diese Frage gestellt werde, spreche ich mit Gott darüber. Schließlich hat er den Überblick und will das Beste für mich. Nicht, dass ich einen Zettel oder eine Mail vom Himmel erwarten würde, aber ich habe schon Situationen erlebt, wo Gott Wege gefunden hat, mir zu antworten, vielleicht durch ein Bibelwort, vielleicht durch einen anderen Menschen. Natürlich wäge ich auch nach logischen Gesichtspunkten ab – wofür habe ich denn sonst meinen Verstand bekommen? Aber ich achte auch auf mein Bauchgefühl. Und dann versuche ich im Bewusstsein, dass Gott bei mir ist, das Richtige zu tun.

Pflanz-Tipp

Nach dem Winter freue ich mich ganz besonders, wenn ich die ersten Frühjahrsblüher wieder in den Kübel vor die Haustür pflanzen kann. Die Geschäfte bieten die Pflanzen schon sehr früh an, sodass ich aufpassen muss, nicht zu früh zuzugreifen, damit die Blumen nicht durch Frost geschädigt werden.

Die zierlichen, gelben Tête-à-tête-Narzissen lassen sich gut mit lila Hyazinthen und farblich passenden Hornveilchen kombinieren. Eine schöne Zusammenstellung bilden auch buschiges, hellblaues Vergissmeinnicht, weiße Bellis und rosa Tulpen oder Ranunkeln. Wenn die Blumen unterschiedliche Wuchsformen und -höhen haben und die Farben aufeinander abgestimmt sind, entsteht eine wirkungsvolle Gesamtkomposition. Aber auch Kästen, die nur jeweils mit Hornveilchen oder Vergissmeinnicht bepflanzt werden, sind ein schöner Blüten-Blickfang an der Haustür, auf dem Balkon oder der Terrasse.

Deko-Tipp

Wenn draußen Büsche und Bäume ihren tausendfachen Blütenschmuck angelegt haben, ist das immer ein besonders spektakulärer Anblick. Mit blühenden Zweigen kann man sich dann ein winziges Stück Frühling nach drinnen holen. Die meisten früh blühenden Sträucher können sogar schon geschnitten werden, wenn sie draußen noch nicht blühen und entfalten dann nach einer Weile in der Wohnung ihre Blütenpracht. Gelbe Forsythien, weiße Kirschblüten, rote Blutjohannisbeere, aber auch die rosa blühenden Zweige der Mandelbäumchen finden jeweils für sich oder kombiniert in einer standfesten Vase Platz. Wer es nicht ganz so blühend mag, der kann zu Birkenzweigen oder auch Hasel und Weide greifen. Allerdings sollte man Hasel und Weide nur sehr behutsam und sparsam abschneiden, da ihre Blüten als frühes und wichtiges Bienenfutter dienen.

Der Frühjahrsschmuck hält sich umso länger, je kühler der Raum ist, in dem er steht. Wenn Sie keine dieser Pflanzen in Ihrem Garten haben, fragen Sie doch einmal bei Nachbarn oder Freunden nach.

Aprilwetter

Jetzt aber schnell! Gerade haben es ein paar Sonnenstrahlen durch eine Wolkenlücke geschafft. Das muss ich für unseren Hundespaziergang ausnutzen. Wer weiß, wie lange sie sich halten können. Denn heute haben wir sprichwörtliches Aprilwetter. Mal regnet es, dann wieder scheint die Sonne, zehn Minuten später ist der Zipfel blauer Himmel schon wieder mit grauen Wolken überzogen. Deshalb ist auf jeden Fall regenfeste Kleidung angesagt. Ohne Regenhose und -jacke, Regenhut und Gummistiefel brauche ich gar nicht vor die Tür zu gehen. Glücklicherweise müssen meine beiden Hundedamen nicht extra angezogen werden.

Als ich zur Tür hinauskomme, ist die Sonne schon wieder hinter einer dicken Wolkendecke verschwunden und es hat angefangen zu nieseln. Gut, dass ich dafür gerüstet bin. Im Feld ist alles frisch gewaschen. Die Gräser am Wegrand tragen große Regentropfen. Nasses Laub vom vergangenen Herbst bedeckt in einer dicken, pappigen Schicht den Weg. Da, wo die nackte Erde hervorschaut, hinterlassen meine Hunde und ich deutliche Spuren im Lehm. Felder und Wiesen sind mit frischem Grün überzogen. Nicht verwunderlich, dass Grün als Farbe der Hoffnung gilt. Bei diesem Anblick wird die Hoffnung auf neues Leben konkret, sichtbar und begreifbar.

Der Regen ist stärker geworden. Es ist jedoch nicht kalt, sodass die Feuchtigkeit sich nicht unangenehm anfühlt. Für einen Moment halte ich mein Gesicht dem Himmel entgegen. Mit geschlossenen Augen spüre ich die Tropfen auf meiner Haut.

Wasser – Element des Lebens. Wie gut tut ein Glas frisches Wasser, wenn ich großen Durst habe. Wie wohltuend ist kühles Wasser auf der Haut nach einer Wanderung oder der Gartenarbeit.
Vielleicht lässt mich der Regen auf meiner Haut in besonderer Weise spüren, dass ich ein Teil dieser Schöpfung bin, hier hineingehöre, hier meinen Platz habe. Vielleicht erinnert Wasser uns auch unbewusst an unsere ersten Lebensmonate, die wir wohl geborgen, warm und weich im Bauch unserer Mutter verbrachten.

Die ersten Regentropfen laufen mir unter den Kragen. Das ist nicht so gemütlich. Es wird Zeit, weiterzugehen. Immer wieder stehen größere und kleinere Pfützen auf dem Feldweg. Meine Hunde lieben Wasser, und so trinken sie nicht nur aus ihnen, sondern laufen auch hindurch. Hat es Ihnen als Kind auch so viel Spaß gemacht, in Gummistiefeln mit Anlauf in die Pfützen zu springen und möglichst weit rundherum zu spritzen? Warum sollte man sich das Vergnügen nicht auch als Erwachsener gönnen – es muss ja sonst niemand mitbekommen!

Bei diesem Wetter sind jede Menge Schnecken und Regenwürmer unterwegs. Unterschiedlichste Arten und Größen
kriechen über den nassen Boden. Die Regenwürmer tragen
durch ihr beständiges Graben zur Verbesserungdes Bodens
bei. Es stimmt also, was eine Bauernweisheit sagt: „Der
liebe Gott weiß, wie man fruchtbare Erde macht, und er
hat sein Geheimnis den Regenwürmern anvertraut."

Inzwischen hat der Regen aufgehört. Meine Hündinnen
Ronja und Jeany schütteln sich das Wasser aus dem Fell.
Die grauen Wolken über mir ziehen recht schnell. Vielleicht
bekommen wir sogar noch ein paar Sonnenstrahlen ab.

Manchmal kommt mir auch mein Leben wie Aprilwetter
vor. Gerade hat noch die Sonne geschienen, da tauchen
plötzlich dunkle Wolken auf und bringen Sturm mit.
Wärme und Licht sind verschwunden, es wird kalt, und
das Leben schüttelt mich heftig durch. Aber ich bin nicht
einem blinden Schicksal ausgeliefert. Ich weiß, dass Gott
mich sieht und hört. Das heißt noch lange nicht, dass ich
ihn immer verstehe und ohne Angst durch Krisen gehe.
Ganz sicher nicht. Aber ich weiß, dass mein Vater im Himmel für mich ansprechbar ist. Ich bin kein Spielball irgend-
welcher Schicksalsgewalten. Und auch nach den heftigs-
ten Stürmen kommt irgendwann die Sonne wieder durch.
Daran will ich mich erinnern, wenn wieder einmal dunkle
Wolken den Himmel über mir verdüstern: Es kommen
auch wieder andere Zeiten.

Voller Kraft und Leben

Geschafft! Endlich bin ich auf der Anhöhe am Waldrand angekommen. Aber das kräftige, wenn auch schweißtreibende „In-die-Pedale-Treten" hat sich gelohnt, denn der Anblick ist spektakulär.

Eine Collage aus gelben und hellgrünen Rechtecken, weißen Bändern und einzelnen braunen Feldern breitet sich vor mir aus. Der Raps steht in voller Blüte, und sein Gelb leuchtet mit den Wiesen, die mit Löwenzahn übersät sind, um die Wette. Manche Wiesen scheinen von der krautigen Pflanze noch nicht völlig erobert worden zu sein, sodass ihr grünes Gras den Farbton angibt. Daneben wartet der dunkelbraune, frisch bearbeitete Ackerboden darauf, dass die Samenkörner, die er beherbergt, zu sprießen beginnen. Diese Anordnung wird immer wieder von kürzeren und längeren Reihen blühenden Buschwerks unterbrochen, das wie halbrunde, dicht aneinandergesetzte Höcker mal zwischen den Feldern, mal direkt am Waldrand verläuft. Die Krönung des Ganzen jedoch sind die blühenden Bäume. Meistens sind es die weißen Blüten der Streuobstbestände, die dieser Frühlingslandschaft noch einen zusätzlichen Reiz verleihen. Es ist einfach genial! Ich kann mich kaum losreißen, aber ich will noch ein Stück weiterfahren.

Kurze Zeit später erreiche ich ein gemütliches, sonniges Plätzchen. Es verlangt geradezu danach, sich in das junge Gras niederzulassen.

Die Sonne wärmt mein Gesicht. Ich spüre die frische, klare Luft wie ein sanftes Streicheln an meinen Wangen. Überall sind Vogelstimmen zu hören. Die Brautwerbung ist wohl noch in vollem Gange. Aus dem Konzert der verschiedenen Arten klingt unverwechselbar der helle, jubelnde Ton der Feldlerche hervor. Wo ist sie? Ich muss eine Weile suchen, bis ich den Vogel mit dem braunen Federkleid über dem Feld entdecke. Ihr Singflug, für den sie fast senkrecht in die Luft steigt, um dann ihren schnellen, trillernden Gesang vorzutragen, kann einige Minuten dauern.

In Deutschland gehört die Feldlerche zu den gefährdeten Arten. Besonders die Intensivierung der Landwirtschaft setzt ihr zu. Um die Bedingungen für den Vogel zu verbessern, werden auf den Feldern sogenannte Lerchenfenster geschaffen. Kurze Streifen am Ackerrand werden dann nicht bewirtschaftet, sodass die Lerchen hier ungestört brüten können. Eine einfache Möglichkeit, um dem Vogel bessere Lebensbedingungen zu schaffen.

Jedes Frühjahr denke ich, kein Mensch könnte etwas so schön schmücken, wie der Schöpfer es mit dieser Komposition aus Abermillionen von gelben und weißen Blüten, grünem Gras, Kräutern und jungem Laub tut. Jede einzelne Blüte, jeder frische Grashalm, jeder junge Trieb proklamiert neues Leben, ein Erwachen aus der Kälte und Dunkelheit der Winterstarre. Die Natur beginnt neu, die Zeit des Ausruhens ist vorbei, alles strotzt geradezu vor Kraft und drängt ans Licht.

Es scheint, als ob die Natur das Fest der Auferstehung Jesu geradezu bildlich darstellen wollte. So wie die Natur den kalten Winter überdauert hat und jetzt zu neuem Leben erwacht, ist Christus für uns Menschen durch die Kälte und Gottverlassenheit des Todes hindurchgegangen und wurde von seinem himmlischen Vater auferweckt. Jesus ist auferstanden! Durch ihn hat uns Gott gezeigt, dass Gott uns ganz nah ist. Auch und gerade in Zeiten des Scheiterns, des Zweifelns und der Traurigkeit. Ja, sogar im Tod. Und das ist nicht nur eine Vertröstung auf ein Leben nach unserem irdischen Tod. Nein, Gott zeigt uns, dass neues Leben hier und jetzt möglich ist. Mit ihm haben wir die Chance, jeden Tag neu anzufangen, ganz gleich, wie unsere Voraussetzungen sind. Durch Christus haben wir Zugang zu Gottes Kraft und damit zum allmächtigen Schöpfer des ganzen Universums.

Da hat mir die Schöpfung doch wieder einmal eine Predigt gehalten, und diese Fahrradtour war weit mehr als ein Ausflug ins Grüne. Aber jetzt wird es Zeit. Schnell schwinge ich mich auf mein Fahrrad und mache mich auf den Rückweg.

Gebet

Vater, du hast die Natur einfach genial gemacht.
Ich staune jedes Jahr neu über die ungeheure Schöpferkraft,
die mir in jeder Blüte und jedem frischen Trieb begegnet.
Sie zeigt mir: Du bist ein Liebhaber des Lebens,
nicht nur der Pflanzen und Tiere,
sondern auch meines Lebens. Ich danke dir,
dass du es mir ermöglichst, neu zu werden.
Kalte und schwierige Zeiten müssen nicht Tod bedeuten,
sie können auch der Boden sein,
aus dem neue Frucht wächst. Ich bitte dich,
dass ich in meinem Winter nicht stecken bleibe,
sondern mit deiner Hilfe zu einem neuen Leben
mit guten Früchten gelange.

Party-Flieger

Eine gute Stunde habe ich jetzt frei, bis der nächste Termin ansteht. Die Einkäufe in der Stadt habe ich schon erledigt. Und das Wetter dieses Maitages ist viel zu schön, um es in einem geschlossenen Raum zu verpassen. Da bietet sich doch ein Besuch im Stadtpark an.

Die Wege sind offensichtlich frisch gesäubert worden. Der Kies knirscht unter meinen Schritten. Bäume, Sträucher und Blumen sind hier schon weiter entwickelt als bei uns auf dem Dorf. Das Stadtklima mit seiner etwas höheren Temperatur macht sich bemerkbar.

Der Flieder steht in voller Blüte, und sein Duft hängt schwer in der Luft. Vor mir steht ein großes, blauviolett blühendes Exemplar. Mindestens fünf Meter hoch ist dieser Strauch. Die großen, rispenartigen Blüten leuchten zwischen den frischen, grünen Laubblättern hervor. Einige Meter weiter hat sein weiß blühender Bruder einen sonnigen Platz gefunden.

Der Flieder ist eine beliebte Kulturpflanze und durfte früher in keinem Bauerngarten fehlen. Kein Wunder, denn die Pflanze, die als Strauch oder kleiner Baum wächst, ist winterhart und nicht allzu anspruchsvoll. Und auch für das Stadtklima ist der Flieder aufgrund seiner Rauchhärte sehr gut geeignet.

Eine Baumgruppe, die größtenteils aus Koniferen besteht, beschattet den Weg. Sofort ist es merklich kühler und ich bin froh, wieder in die Sonne zu kommen.

Hinter einer Biegung lädt eine Bank mit Blick auf eine Pfingstrosenstaude zum Ausruhen ein. Ihre tiefroten Blüten sind wirklich eindrucksvoll und auch sie duften intensiv. Sie ist früh dran, die warmen Tage haben sie wohl hervorgelockt.

Plötzlich ertönt ein schrilles „SriiiSriii" in der Luft. Hoch über meinem Kopf entdecke ich den Verursacher: Ein Mauersegler veranstaltet in atemberaubendem Tempo seine Flugmanöver. Bis zu zweihundert Stundenkilometer können die Tiere mit dem braunschwarzen Gefieder erreichen. Beeindruckend sind auch ihre Wendigkeit und das Kippen um die Längsachse. Sie ähneln den Schwalben, sind jedoch nicht mit ihnen verwandt. Allerdings erbeuten beide Vogelarten ihre Nahrung im Flug.

Mauersegler sind für ihren Nestbau auf Gebäude angewiesen, die ihnen ausreichend Spalten und Nischen dafür bieten. Altbauten, Kirchtürme oder alte Fabrikanlagen sind gut geeignet. Moderne Häuser hingegen verschließen dem Kulturfolger in der Regel die Tür.

Die Tiere zeigen ein ausgeprägtes Sozialverhalten. Sie sind außerordentlich gesellig und bilden zur Brutzeit Kolonien.

Und wussten Sie, dass Mauersegler „Party-Flieger" sind? Die Tiere veranstalten vor allem abends ihre „Screaming Partys", das sind soziale Flugspiele, bei denen es richtig laut zugeht. Die Vögel einer Kolonie sammeln sich dann in der Luft und fliegen immer wieder in hohem Tempo an den Nestern vorbei.

Die Vorstellung, dass ein ganzer Schwarm von Mauerseglern „Party macht", finde ich äußerst witzig! Ganz offensichtlich findet unser Schöpfer das auch klasse, denn schließlich hat er das in die Vögel hineingelegt. Aber auch wir Menschen feiern ja gerne. Ist das nicht super? Gott freut sich, wenn wir Spaß haben!
Wenn Sie das nächste Mal Mauersegler bei einer ihrer Partys sehen, denken Sie daran: Gott freut sich, wenn wir uns freuen!

Die Kirchturmglocken reißen mich aus meinen Party-Gedanken. Ich muss los, um nicht zu spät zu kommen. Aber die Pause hat gut getan, und so kann ich mit neuer Energie zum nächsten Termin gehen.

Also iss dein Brot, trink deinen Wein, und sei fröhlich dabei!
Denn schon lange gefällt Gott dein Tun!

  Prediger 9,7

Rezept

Frühlingsrisotto mit Spargel und Mandeln

Zutaten:
500 g weißer Spargel
1 Bund Frühlingszwiebeln
1,5 l Gemüsebrühe
400 g Risottoreis
4 EL Mandelblättchen
150 ml Weißwein
Butter zum Anbraten
Salz, frisch gemahlener Pfeffer
frisch geriebener Parmesan

Den Spargel schälen, die holzigen Enden entfernen und in kleine Stücke schneiden (etwa 2 cm breit). Die Frühlingszwiebeln putzen und ebenfalls klein schneiden. Nun die Gemüsebrühe kochen und währenddessen die Mandeln in einer Pfanne ohne Butter rösten. Danach die Mandeln mit Spargel und Frühlingszwiebeln in Butter kurz anbraten. Dann den Risottoreis in den Topf geben und rühren, bis die Reiskörner mit einer glänzenden Schicht überzogen sind. Zum Ablöschen zunächst den Weißwein dazugeben. Kurze Zeit später ungefähr 1/4 der Gemüsebrühe in den Topf geben, den Rest nach und nach hinzufügen und dabei immer wieder umrühren.
Nach circa 20 Minuten den Parmesan unterrühren und mit Salz und Pfeffer abschmecken.

Sommer

Verborgene Quellen

Dieser Duft ist unverkennbar und läutet für mich den Sommer ein. Süßlich und stark erfüllt er im Juni unseren Vorgarten. Denn direkt vor unserem Haus steht unsere Familienlinde, deren Blüten ein phänomenales Aroma verströmen. Mit einer Höhe von etwa fünfundzwanzig Metern und einem Alter von dreißig Jahren steckt sie aus „Lindenbaumsicht" noch in den Kinderschuhen. Denn Linden können je nach Art bis zu tausend Jahre alt und bis zu vierzig Meter hoch werden.

In der Blütezeit herrscht hier besonders reger Verkehr. Die Linde hat tausendfachen Besuch. Die Luft ist dann nicht nur von ihrem Duft, sondern auch von einem vielfachen Summen und Brummen erfüllt. Jede Menge Bienen, Hummeln, Schwebfliegen und andere Insekten sind gekommen, um sich mit Blütenstaub zu versorgen. Offensichtlich mögen auch sie den fast betörenden Duft. Die Imker schätzen den Baum als Bienenweide, weil die Bienen aus dem Nektar den hellgelben bis grünlich gelben Lindenblütenhonig herstellen können.

Linden haben seit alters her eine besondere kulturelle Bedeutung. Kein Wunder, denn diese stattlichen Bäume strahlen eine mütterliche Kraft aus. Viele Dörfer hatten eine Dorflinde, die als kultureller und kommunikativer Mittelpunkt des örtlichen Lebens galt. Hier wurden Feste gefeiert, Brautschau gehalten und getanzt. Früher fanden

unter der Linde auch die Dorfgerichte statt, ein Brauch aus germanischer Zeit.

Ein besonders imposantes Exemplar – vermutlich der älteste Baum Deutschlands – steht im hessischen Schenklengsfeld. Die schweren, ausladenden Äste werden von einem Holzgerüst gestützt und auf den Haupt-Ästen soll in früherer Zeit sogar ein Tanzboden errichtet worden sein.

Die Linde vor unserem Haus ist wunderschön gewachsen, ganz gerade und mit einer gleichmäßigen Krone. Während eine Taube sie hin und wieder als Ruheplatz benutzt, finden andere Vögel offensichtlich reichlich Nahrung. Immer wieder suchen Meisen die Äste nach Insekten ab. Eine Zeit lang kam auch regelmäßig ein Buntspecht zu Besuch und klopfte Leckereien aus dem Stamm heraus.

Diese Linde hat für uns persönlich eine große Bedeutung, da eine Nachbarsfamilie sie meinem Mann und mir zu unserer Hochzeit geschenkt hat. Ein ganz besonderes Geschenk, denn der Baum ist ein tolles Bild für Leben, Wachstum, Kraft und Schutz.

Nun könnte man sagen: Eine Linde im Vorgarten? Ist das nicht etwas überdimensioniert? Schließlich stehen Linden meist aus gutem Grund auf großen Plätzen oder dienen als Alleebäume.

Tatsächlich benötigt ein Baum optimale Bedingungen, wenn er seine Maximalgröße erreichen will. Aber auch, wenn er kleiner bleibt, kann er ein schöner Baum sein. Unsere Linde hat äußerlich betrachtet gar nicht so viel Platz, um sich auszubreiten. Nicht weit entfernt führt auf der einen Seite die geteerte Straße vorbei. Auf der anderen Seite nimmt ein Erdtank viel Raum im Gartenboden ein. Zudem ist der Boden hier eher steinig und trocken. Aber irgendwie muss es dieser Baum geschafft haben, mit seinen Wurzeln an gute Nahrungsquellen zu gelangen, so kräftig wie er ist.

Wie oft machen wir eine gute Entwicklung von Menschen von möglichst optimalen Bedingungen in der Kindheit abhängig. Und umgekehrt sehen wir negative Entwicklungen als Ergebnis einer schlechten Erziehung oder familiären Situation. Aber das ist nicht zwangsläufig so. Unabhängig von allen Voraussetzungen kann aus mir eine starke Persönlichkeit werden. Gott kennt unseren Nährboden. Er kann auch aus mageren Böden Großes wachsen lassen. Er kann uns eine Nahrungsquelle sein, vielleicht verborgen vor den Augen der meisten Menschen, aber in Wirklichkeit lebendig und stark.

Das Samenkorn

Ein Samenkorn lag auf dem Rücken,
        die Amsel wollte es zerpicken.
    Aus Mitleid hat sie es verschont
        und wurde dafür reich belohnt.
Das Korn, das auf der Erde lag,
        das wuchs und wuchs von Tag zu Tag.
    Jetzt ist es schon ein hoher Baum
und trägt ein Nest aus weichem Flaum.
        Die Amsel hat das Nest erbaut;
        dort sitzt sie nun und zwitschert laut.

Joachim Ringelnatz

Perfekt abgestimmt

Einfach klasse, dieses Sommerwetter! Blauer Himmel, kein Wölkchen zu sehen. Es riecht nach Heu, nach dem Duft tausender Blüten und nach Wärme. Wenn ich das schon so intensiv rieche, was müssen da meine beiden Hündinnen erst erleben! Immerhin ist ihr Riechzentrum etwa vierzigmal größer als das des Menschen.

Unser Weg führt uns an einem Getreidefeld vorbei. Das Korn steht recht niedrig und die Ähren sind noch dünn und klein. Aber es hat auch noch viel Zeit zum Wachsen und Reifen. Der rote Mohn und die blauen Kornblumen malen immer wieder einen bunten Farbklecks in das hellgrüne, wogende Stängelmeer der Getreidehalme. Das Rot der Mohnblumen hat es mir besonders angetan. Schade, dass es keinen Sinn macht, die Blumen mit nach Hause zu nehmen. Sie halten sich nicht und sind ganz schnell verwelkt. Manche Dinge muss man einfach hier und jetzt genießen.

Ein paar Schritte noch, dann sind wir auf der großen Wiese vor dem Wald angekommen. Während Ronja und Jeany gleich inspizieren, was es Neues für eine Hundenase gibt, setze ich mich ins weiche Gras. Die Sonne hat auch den letzten Rest der Feuchtigkeit vom Morgen getrocknet. Ich halte ihr mein Gesicht entgegen, atme tief durch und genieße die Wärme auf meiner Haut.

Mit geschlossenen Augen nehme ich die Geräusche um mich herum viel deutlicher wahr. Aus dem Wald hinter mir höre ich die Rufe der Vögel. Sie sind sicher gut mit der Versorgung ihrer Jungen beschäftigt. Ab und zu raschelt es im Gebüsch. Vielleicht eine Maus auf der Suche nach Nahrung, vielleicht ein Kaninchen oder gar ein großer Feldhase, der auf die Dämmerung wartet. Bienen und Hummeln fliegen summend von Blüte zu Blüte. Und die Grillen geben ein richtiges Konzert.

Ich öffne die Augen, um mir diese Wiesenwelt näher zu betrachten. Ein buntes Blumenmeer breitet sich vor mir aus: Roter und weißer Klee, blaue Glockenblumen und gelber Hahnenfuß stehen neben den braunen, länglichen Blütenständen des Spitzwegerichs, die von einem weißen Kranz kleiner Blüten umrahmt werden. Der Löwenzahn ist über und über mit feinen, weißen Schirmchen bestückt. Sicher werden sie bald auf die Reise gehen. Gräser unterschiedlichster Art wiegen sich im Wind. Ein Marienkäfer krabbelt flink an einem Grashalm hoch. Oben angekommen, prüft er kurz die Lage, dann breitet er seine Flügel aus und fliegt davon. Jede Menge Fliegen und Schmetterlinge sind unterwegs. Manchmal scheint es so, als würden sie sich auch sonnen. Dort hinten krabbelt ein schwarzer, glänzender Käfer. Das könnte ein Mistkäfer sein. Der kleine Kerl hat es nicht leicht, weil Äste und Rindenstücke auf seinem Weg liegen, die er überqueren muss. Und ganz in der Nähe sind auch einige Ameisen auf Tour. Mit ihnen möchte ich keine nähere Bekanntschaft machen.

Wenn ich mir das bunte Treiben so anschaue, wird mir bewusst, wie fein aufeinander abgestimmt dies alles ist. Insekten und Wind sorgen für die Verbreitung der Pflanzen, indem sie die Blüten bestäuben oder den Samen mitnehmen. Tiere ernähren sich von Pflanzen und anderen Tieren. Auf diese Weise werden Schädlinge in Schach gehalten. Wie empfindlich dieses System ist, zeigt sich in der Sorge um den Rückgang der Bienen. Wenn sie nicht mehr ausreichend bestäuben, wird es weniger Früchte und damit geringere Ernten geben. Davon betroffen sind wiederum auch andere Tiere wie Igel und Vögel. Umso wichtiger ist es, dieser verheerenden Kettenreaktion entgegenzuwirken und unsere Schöpfung zu schützen.

Ich mache mich wieder auf den Rückweg. Am Waldrand fällt mein Blick auf eine große Weinbergschnecke, die sich zum Schutz vor der Hitze in ihr Schneckenhaus zurückgezogen hat. Meistens sehe ich diese Tiere bei feuchtem Wetter. Dann muss ich aufpassen, dass ich nicht auf sie trete. Ich schaue mir gern an, wenn sie sich kontinuierlich auf ihrem Weg weiterschieben. Ihre vier Fühler – die zwei größeren tragen die Augen – zieht sie bei Berührung sofort ein. Wenn die Situation ihr gar zu brenzlig erscheint, verkriecht sie sich in ihrem Schneckenhaus.
Die meisten Schneckenhäuser haben die Form einer rechtsgängigen Spirale. Nur wenige Tiere tragen ein Kalkgehäuse, das eine linksgängige Form aufweist. Sie werden deshalb auch Schneckenkönige genannt.

Für mich strahlen Schnecken eine große Ruhe aus. Langsam, aber stetig bewegen sie sich fort. Und wenn es ein Hindernis gibt, dann wird die Reise eben unterbrochen.

Mir passiert es öfter, dass ich angesichts vieler Arbeit in Hektik verfalle und versuche, mehrere Dinge gleichzeitig zu tun, um mein selbstgestecktes Pensum zu schaffen. Dabei ist längst erwiesen, dass es besser ist, konzentriert eine Aufgabe nach der anderen zu erledigen. „Gott schuf die Zeit, von Eile hat er nichts gesagt." Dieses Zitat, dessen Urheber unbekannt ist, kommt mir in den Sinn. Ich muss einfach Prioritäten setzen und einen Teil meiner „To-do-Liste" streichen. Schließlich erwartet Gott keine Perfektion von mir.

Unser Spaziergang ist fast zu Ende, da sehe ich eine blaue Wegwarte, die sich zwischen dem Asphalt und dem Randstein behauptet hat. Mit ihrer krautigen Wuchsform und ihren nicht allzu großen Blüten sieht sie nicht besonders spektakulär aus. Zudem sind ihre Blüten nur vormittags und bei Sonnenschein geöffnet. Im geschlossenen Zustand fällt die Pflanze kaum auf. Wegen ihrer schönen, blauen Farbe habe ich vor Jahren einmal eine Wegwarte abgepflückt und sie zu Hause in die Vase gestellt. Welche

Enttäuschung am nächsten Morgen: Die Blüten hatten ihr schönes Blau verloren und waren hell geworden. Seitdem lasse ich die Finger von ihr und freue mich draußen an ihren Blüten. Wie bei den Mohnblumen kann man diese unscheinbare Schönheit am besten direkt an Ort und Stelle genießen.

Auch diesmal hat mir der Spaziergang Ruhe und Gelassenheit gegeben, eine kleine Sommerurlaubsstunde mitten im Alltag, aus der ich „frisch aufgetankt" nach Hause komme.

Gebet

Vater, ich liebe den Sommer. Er sprüht geradezu vor Wärme,
Leichtigkeit und Lebenslust. Die Tage sind lang,
die Nächte warm, ich kann abends auf der Terrasse sitzen.
Manchmal kann ich schon frühmorgens
ohne Jacke spazieren gehen. Im Sommer pulsiert das Leben.
Überall in deiner Schöpfung wächst alles der Reife entgegen:
Tiere ziehen ihre Jungen auf, an den Pflanzen
lässt du die Früchte wachsen. Es ist einfach klasse,
wie du alles aufeinander abgestimmt hast.
Ich danke dir, dass du den Überblick behältst – in deiner
großartigen Schöpfung wie auch in meinem Leben.

Nachtschwärmer

Heute ist es spät geworden. Der Tag war angefüllt mit vielen Terminen, sodass ich kaum zum Durchatmen gekommen bin. Und auch das strahlende Sommerwetter konnte ich nicht auskosten. Doch jetzt ist alles geschafft. Müde, aber zufrieden, setze ich mich mit einem Glas Rotwein auf die Terrasse. Die Sonne ist gerade untergegangen. Trotzdem ist es noch angenehm warm. Der leichte Wind, der den ganzen Tag über die Hitze erträglicher machte, hat sich gelegt. Das verspricht ein lauer Sommerabend zu werden.

Diese Abendstimmung hat etwas ganz Besonderes. Die Geschäftigkeit des Tages, die Unruhe des Alltags ist verschwunden. Ab und zu klingen leise Stimmen aus der Nachbarschaft zu mir herüber, manchmal höre ich ein Auto auf der Straße. Auch die meisten Vögel haben sich schlafen gelegt. Kein Tschilpen der Spatzen, kein Krächzen der frechen Elstern, keine dunklen Rufe der Tauben sind zu hören. Wie eine wohltuende Ruhedecke legt sich die Abendstille über mich. Auch ich komme zur Ruhe und kann die Gedanken des Tages beiseitelegen.
Ich atme tief durch und genieße die Düfte der Blumen um mich herum: Von der Hauswand verströmt die Kletterrose ihren Duft, vom Zaun weht der vanilleartige Geruch der Duftwicke herüber. Dabei lässt es sich gut entspannen. Ich mag die relativ kleinen Blüten der Wicken, die mich irgendwie an Schmetterlinge erinnern, besonders gern.

Inzwischen glänzt über mir ein faszinierender Sternen-himmel. Dort drüben, das muss der große Wagen sein. Aber damit ist meine Kenntnis der Sternbilder auch schon erschöpft. Macht nichts – ich kann dieses Funkeln auch einfach so genießen.

Lautlos und superschnell fliegt etwas durch die Luft. Ich konnte es gar nicht wirklich sehen. Das muss eine Fleder-maus gewesen sein, die wohl in einem der alten Bäume wohnt. Ihre Flugkünste erstaunen mich immer wieder. Per Ultraschallortung erkennt sie Hindernisse auf ihrer Flug-bahn und ändert dann blitzschnell die Richtung.

Das wäre doch mal was. So eine Art Ultraschallortung für Hindernisse auf meinem Weg durch das Leben! Ich könnte schon von Weitem erkennen, wenn dieser Arbeits-platz mich nicht ausfüllt, sondern eher lähmt, oder jener Mensch mich nur für seine Zwecke benutzt, aber an mir als Person überhaupt nicht interessiert ist.

Aber wäre das wirklich nur positiv? Enttäuschungen, Frustration und Angst gehören zum Leben dazu. Diese negativen Erfahrungen zeigen uns, dass man Hinder-nisse überwinden und auch aus schlechten Erlebnissen und Begegnungen etwas Positives lernen kann. Vielleicht entdeckt man ungeahnte eigene Kräfte und Talente. Viel-leicht spüre ich in solchen Situationen überrascht, wie viele Menschen an mich denken und mir Zuneigung ent-gegenbringen. Ich war oft erstaunt, welche Möglichkeiten und Wege Gott hat, mich zu trösten, mir nahe zu sein, mir seine Fürsorge zu zeigen.

Natürlich wünsche ich mir keine Negativerlebnisse. Definitiv nicht! Aber wenn ich die, die mir begegnen, richtig verwerte, können ich selbst und andere Gewinn daraus ziehen.

Was war denn das? Da hat sich neben mir doch etwas bewegt! Vielleicht eine Schnake, die sich vom Windlicht auf dem Tisch hat anlocken lassen? Diese Langbeiner stechen zwar nicht, aber ich möchte trotzdem nicht, dass sie an mir herumkrabbeln. Ein Blick zur Seite – nein, keine Schnake – eine große, grüne Heuschrecke ist auf dem Tisch gelandet. Diese möchte ich zwar auch nicht auf mir sitzen haben, aber faszinierend sind diese Tiere allemal. Mit ihren kräftigen Hinterbeinen können sie erstaunlich weit springen. Hätten Sie gedacht, dass die Hörorgane der Tiere an den Vorderbeinen am Knie sitzen? Und apropos hören – die zirpenden Männchen, die mit ihrem Gesang die Aufmerksamkeit der Weibchen auf sich ziehen wollen, sind sogar noch in großer Entfernung zu hören.

Und wieder trägt ein kleines Lüftchen einen süßen Geruch an meine Nase. Das muss der Ziertabak sein, der in einem Kübel am Rand der Terrasse steht. Die einjährige Pflanze mit steifen, verzweigten Stängeln blüht gerade sehr üppig und duftet besonders nachts recht intensiv. Sie will damit – wie viele Pflanzen, die ihr volles Aroma erst bei Dunkelheit entfalten – nachtschwärmende Insekten anlocken. Und siehe da, eine Gammaeule sitzt schon mit schwirrenden Flügeln auf den purpurfarbenen Blüten.

Ich lehne mich zurück und nehme noch einen Schluck von meinem Rotwein. Solche Abende muss man einfach genießen.

Pflanz-Tipp

Wenn Sie Terrasse oder Balkon vorwiegend erst am Abend genießen können, wie wäre es mit einem Mini-Mondscheingarten aus nachtduftenden Pflanzen? Duftwicken lassen sich auch gut im Balkonkasten aussäen, brauchen allerdings eine Kletterhilfe. Die einjährigen Schmuckstücke bedienen fast jeden Farbwunsch: In rosa, rot, lachsfarben, violett, blau oder weiß findet bestimmt jeder seine Lieblingsfarbe.

Wicken sehen zudem als Schnittblumen in der Vase sehr schön aus. Kombiniert mit Schleierkraut ergeben sie einen besonders duftigen Strauß.

Ein Geißblatt wächst ebenfalls im großen Kübel, muss aber auch durch ein Rankgitter gestützt werden. Riecht man seinen blumig-süßlichen Duft, wünscht man sich, dass der laue Sommerabend niemals zu Ende gehen möge. Ein weiterer Kübel könnte mit Sommernachtslevkoje, Nachtkerze und der fruchtig-frisch duftenden Wunderblume bestückt werden.

Deko-Tipp

Der Sommer bietet eine verschwenderische Fülle von Blüten aller Art. Balkon, Garten, Wiesen und Feldwege halten verschiedenste Farben und Formen bereit. Aber es müssen nicht immer aufwendig gebundene Sträuße oder Gestecke sein.

Füllen Sie einfach eine Glasschale mit Wasser und dekorieren Sie sie mit Blütenköpfen und -knospen, die die Leichtigkeit des Sommers widerspiegeln: Rosen und Malven sowie unterschiedliche grüne Blätter, zum Beispiel der Kapuzinerkresse oder der Schafgarbe, passen gut zusammen. Besonders interessant wirkt eine Zusammenstellung aus kleinen und großen Blüten in verschiedenen Blütenformen. Sie können Farben kombinieren oder Ton-in-Ton-Arrangements herstellen. Ihrer Fantasie sind keine Grenzen gesetzt.

Prinzipiell sollte man allerdings darauf achten, dass die Blüten als Schnittblumen geeignet sind und nicht ihre Farbe verlieren (wie die Wegwarte) oder die Blütenköpfe schließen – im Zweifelsfall erst einmal ausprobieren. Und für Ihre Gartenparty am Abend setzen Sie einfach ein paar Schwimmkerzen dazwischen und schon haben Sie eine leuchtende Tischdeko aus der Natur.

Entwicklungsschritte

Mittagspause! Heute ist ein richtig heißer Hochsommertag, und die Temperaturen lassen sich nur im Schatten gut aushalten. Versorgt mit einer Tasse Cappuccino, lasse ich mich auf dem Liegestuhl an unserem Teich nieder. Die warme Sommerluft genießen, ein bisschen dösen – das ist Entspannung pur.

Während ich mit halb geschlossenen Augen gedanklich den Vormittag Revue passieren lasse, drängt sich plötzlich ein sirrendes Geräusch in meine Gedanken. Ich öffne die Augen und bekomme erst einmal einen gehörigen Schrecken, denn vor meinem Gesicht „steht" eine große Blaugrüne Mosaikjungfer und scheint mich genau zu betrachten. Wie ein kleiner, lebendiger Hubschrauber sieht sie aus. Ihre riesigen Facettenaugen wirken fast bedrohlich. Anscheinend hat das Insekt mich für harmlos befunden, denn kurze Zeit später dreht die Libelle wieder ab und jagt in atemberaubendem Tempo über den Teich. Es ist gar nicht so einfach, ihren schnellen, zackigen Flug mit den abrupten Richtungswechseln zu verfolgen.

Diese Libellenart ist die größte, die wir in der wärmeren Jahreszeit an unserem Teich beobachten können. Zuerst tauchen die kleineren Arten auf: blaue und tiefrote Tiere, die wie schlanke Stäbchen aussehen. Etwas später kommen die großen, blaugrünen.

Libellen stellen einen wichtigen Faktor im Ökosystem dar, denn sie ernähren sich unter anderem von Mücken und Fliegen. Das ist gut für unseren Garten, so werden wir von Mückenplagen verschont.

Diese Tiere führen ein außergewöhnliches Leben. Den größten Teil ihrer Lebenszeit verbringen sie im Larvenstadium. Die Larven leben im Wasser und ernähren sich je nach Art von Insektenlarven, kleinen Krebsen und sogar Kaulquappen. Ungefähr zehn verschiedene Larvalstadien durchlaufen die Tiere. Am Ende jeder Periode findet eine Häutung statt, bis das Tier schließlich aus dem Wasser krabbelt und seine Hülle als erwachsene Libelle verlässt.

Durchleben wir als Menschen nicht auch verschiedene Lebens- und Reifestadien? Verantwortung übernehmen für mich und andere, eigene Schwächen erkennen, dazu stehen und versuchen, sie zu überwinden. Entscheidungen treffen und Dinge ausführen, auch wenn nicht alle Beifall klatschen, sich ein Stück weit unabhängiger machen von der Meinung anderer. Die Welt und die Menschen differenziert sehen und nicht im Schwarz-Weiß-Denken stecken bleiben. Oft ist es gar nicht so einfach, einen Schritt weiter zu gehen, seine Grenzen zu überwinden, die eng gewordene Larvenhaut abzustreifen.

Ich glaube, als Menschen dürfen wir viele Entwicklungsstadien durchlaufen. Gott lässt uns Zeit und will uns dabei helfen. Und irgendwann wird sich die ganze Schönheit unserer Persönlichkeit klar und makellos zeigen.

Rezept

Sommerliche Quiche

Für den Teig:
200 g Vollkornmehl
100 g Butter
50 ml Wasser
1 Ei
1 TL Salz

Für die Füllung:
circa 450 g Gemüse
(1 kleine Zucchini, 1 Paprika, 1–2 Karotten)
1 Tomate
1 rote Zwiebel
2 Knoblauchzehen
1 EL getrocknete, italienische Kräuter
250 g Magerquark
200 g Feta
3 Eier
Salz, frisch gemahlener Pfeffer

Für den Teig alle genannten Zutaten mit den Quirlen des Rührgeräts zu einem Knetteig verarbeiten. Eine Springform fetten und zunächst den Teig circa 3 cm hoch am Rand verteilen, den Rest des Teigs auf dem Boden verteilen. Zucchini waschen, vierteln und in Scheiben schneiden. Paprika ebenfalls waschen und in kleine Stücke schneiden. Karotten schälen und raspeln. Zwiebeln und Knoblauch schälen, hacken und dann in einer Pfanne kurz anbraten. Die Paprika in die Pfanne geben, zwei Minuten später Karotten, Zucchini und italienische Kräuter hinzufügen, salzen und pfeffern. Das Gemüse noch ungefähr 5 Minuten auf mittlerer Stufe anbraten.

Währenddessen den Feta in einer Rührschüssel mit einer Gabel zerdrücken. Dann Quark und Eier hinzufügen, leicht salzen und pfeffern und mit dem Rührgerät verrühren. Anschließend das Gemüse zu der Feta-Quark-Eier-Mischung geben und unterheben. Die fertige Masse nun in die Springform füllen, mit einer Gabel den Rand bis zur Füllung herunterdrücken, sodass ein gezackter, gleichmäßig hoher Rand entsteht. Zum Schluss noch die Tomate waschen, in Scheiben schneiden und auf dem Teig verteilen. Bei 175° (Umluft) 30 Minuten backen.

Ein gelbes Blütenmeer

Meine Freundin hat zur sommerlichen Gartenparty eingeladen. Ein Geschenk habe ich zwar, aber so etwas Blumiges dazu wäre doch nett. Welche Blumen mag sie am liebsten? Genau – Sonnenblumen sind ihre Favoriten. Das ist prima, denn nur wenige Minuten von uns entfernt ist ein Sonnenblumenfeld. Da bekomme ich sie wirklich ganz frisch und habe die große Auswahl. Schnell stecke ich mir Geld und ein Messer ein und gehe auf Blumentour.

Es ist ein faszinierender Anblick. Schon von Weitem leuchtet mir das strahlende Gelb der Blumen entgegen. Wie ein gelbes Meer auf grünem Untergrund wiegen sich die Blüten sacht im Wind. Denn die Sonnenblume ist heliotrop, ihre Blüten und Blätter drehen sich im Tagesverlauf mit dem Stand der Sonne. Erst wenn die Körner reifen, geht diese Fähigkeit verloren, weil sich das Pflanzengewebe verfestigt.

Als ich das Feld erreiche, löst sich das Blumenmeer in prächtige Einzelpflanzen auf. Jetzt habe ich die Qual der Wahl. Es ist die beste Zeit für Sonnenblumen, und eine ist schöner als die andere. Direkt vor mir steht ein riesiges Exemplar. Ihr schwerer, tellergroßer Blütenkopf wird von einem stabilen, dicken Stängel getragen. In mehreren Reihen umschließen die gelben Blütenblätter den braunen Mittelkreis. Er fühlt sich weich an, fast samtig. Die äußeren

Blätter zeigen den Insekten: „Hier geht's lang – hier kannst du landen!" Und die dunkle Innenfläche ist aufgrund ihrer Größe eine echte Landungshilfe für Biene und Co. Offensichtlich wird das rege genutzt. Fast auf jeder Blüte sitzt so eine fleißige Arbeiterin und saugt Nektar.

Daneben steht eine Sonnenblume, die sogar noch höher gewachsen ist. Bis zu dreieinhalb Meter hoch wird so eine Pflanze normalerweise. Vor einigen Jahren soll ein Mann ein Exemplar von über acht Metern in seinem Garten gezogen haben.

Langsam gehe ich den kleinen Pflückpfad entlang. An einer Stelle wächst eine Pflanze, die etwas kleiner und noch recht zart ist. Weiter hinten entdecke ich eine, deren Kopf schwer nach unten hängt. Sie ist schon fast ausgereift, und ihre Kerne können bald geerntet werden. Da dieses Feld zum Selbstpflücken angelegt wurde, ist das wohl ein Job für die Vögel. Es gibt aber auch Sonnenblumenfelder, auf denen ausschließlich Nutzpflanzen zur Gewinnung von zum Beispiel Öl oder Mayonnaise wachsen.

Und wussten Sie, dass Sonnenblumen eine entgiftende Wirkung haben? Sie werden auf kontaminierten Böden angebaut, um diese zu reinigen.

Hier stehen drei Blumen, die geradezu in Hochform sind. Die nehme ich auf jeden Fall. Und vielleicht noch eine kleinere und eine größere.

Endlich habe ich meine Sonnenblumen zusammen. Auf dem Rückweg drehe ich mich noch einmal um. Das gelbe Blütenmeer lacht in die Sonne. Die machen es richtig: Sich zur Sonne drehen und das Positive anschauen. In manchen Liedern wird auch Jesus Christus als Sonne bezeichnet. Er bringt Licht, Wärme und Leben. Ich kann nur davon profitieren, wenn ich mich ihm zuwende. Das gilt für mein Leben insgesamt, aber auch, wenn es schwierig wird. Dann habe ich das Gefühl, dass alles grau ist, keine Sonne in Sicht. Aber sie ist da – Christus ist da! Dabei hilft es mir, mich daran zu erinnern, wie oft ich Gottes Segen schon erlebt habe, manchmal sehr eindrücklich, manchmal ganz unspektakulär.

Denn Gott, der Herr, ist die Sonne,
die uns Licht und Leben gibt,
schützend steht er vor uns.

Psalm 84,12

Herbst

Luftige Kunstwerke

Bewaffnet mit Gummistiefeln stapfe ich durch das klitschnasse Gras. Nein, es hat nicht die ganze Nacht geregnet. Aber der Sommer hat nun endgültig dem Herbst Platz gemacht. Die Nächte sind merklich kühler und vor allem feuchter geworden. Heute ist es besonders diesig, die Büsche und Bäume am Waldrand sind im Nebel nur schemenhaft zu erkennen.

Steht dort ein Reh und prüft mit der Nase, ob ich gefährlich bin? Oder ist es doch nur ein Busch?
Während meine Augen versuchen, den morgendlichen Dunst zu durchdringen, toben meine beiden Hunde schon über die abgeernteten Getreidefelder. Es muss heute ganz besonders interessant riechen, denn ihre Nasen kleben fast am Boden.

Auch die Feldwege haben sich verändert. Manche Gräser sind schon gelb geworden und umgeknickt. Sie scheinen in die Erde zurückkriechen zu wollen. Andere sind noch saftig grün. Mitten in dieser Gras- und Kräuternachbarschaft bemerke ich rundliche, silbrig-graue Gespinste. Hunderte hängen an diesem Wegrand in den Gräsern. Inzwischen hat sich die Sonne durch den Dunst gekämpft und bringt die zarten Spinnweben zum Leuchten. Die feinen Tautropfen, die das Sonnenlicht reflektieren, machen die kleinen Kunstwerke erst richtig sichtbar.

Ich bin weit davon entfernt, ein Fan von Spinnen zu sein, aber eins muss man ihnen lassen: Im Weben mit allerfeinstem Material und ohne technische Hilfsmittel macht diesen Krabbeltieren niemand etwas vor. Sogar zwischen meterweit auseinanderstehenden Bäumen hängen Spinnweben, und einmal schwebte sogar mitten auf einer Wiese eine feine Webe über mir. Mit solch einem Flugfaden reisen die Spinnen kilometerweit durch die Luft.

Junge Baldachinspinnen sind die Künstler, die diese Kunstwerke erschaffen. Das althochdeutsche Wort für das Weben der Spinnennetze war „weiben". Daher stammt auch die Bezeichnung „Altweibersommer".

Erstaunlich, wie stabil sie sind. Wie kleine Hängematten schaukeln sie im Wind und werden auch von einer Böe nicht so leicht zerstört. Wenn allerdings eine neugierige Hundeschnauze kommt ...

Wie lange diese jungen Baldachinspinnen wohl an einer solchen Hängematte arbeiten? Sicher haben sie einige Stunden zu tun. Und dann kann ihr Kunstwerk so schnell zerstört werden!

Was für eine Verschwendung! Ja, wenn man es lediglich unter rationalistischen Gesichtspunkten betrachtet. Aber wie viele Dinge tue ich, weil ich etwas schön finde, weil es mich erfüllt und mir guttut. Weil es mich glücklich macht. Und das wiederum setzt in mir neue Energie frei, die mir dann auch bei meiner Arbeit von Nutzen ist. Also doch nicht ganz so unökonomisch.

Wie viel Zeit verbringe ich mit Dingen, die nicht lange Bestand haben. Das Mittagessen, das ich mit viel Sorgfalt gekocht habe, ist innerhalb einer halben Stunde verschwunden. Selbst wenn man den Sättigungseffekt für einen halben Tag ansetzt, ist spätestens am nächsten Morgen Nachschub nötig. Aber wir müssen essen, um zu leben. Und ein gutes Essen in einer schönen Atmosphäre macht mich nicht nur körperlich satt, sondern ist auch Nahrung für meine Seele.

Vielleicht hat Gott sich etwas Ähnliches gedacht, als er die jungen Baldachinspinnen mit der Fähigkeit ausgerüstet hat, diese luftigen Kunstwerke zu konstruieren.

Natürlich weben sie die Netze erst einmal für ihre eigene Versorgung. Aber auch für uns sind die Produkte ihrer Arbeit eine Bereicherung. Denn es ist einfach ein toller Anblick, wenn diese filigranen Kunstwerke im Tau glänzen.

Septembermorgen

Im Nebel ruhet noch die Welt,
Noch träumen Wald und Wiesen:
Bald siehst du, wenn der Schleier fällt,
Den blauen Himmel unverstellt,
Herbstkräftig die gedämpfte Welt
In warmem Golde fließen.

Eduard Mörike

Handschmeichler
in stacheliger Verpackung

Da liegen sie vor mir: rund, glatt, ein tiefes, warmes Braun. Als hätte sie jemand poliert – so glänzt die Haut. Auf einer Seite wird sie von einem helleren und stumpferen Oval unterbrochen. Ich hebe eine der Früchte auf und sofort weiß ich wieder, warum man sie auch Handschmeichler nennt; immer wieder drehe ich sie in meiner Hand hin und her, fühle die glatte Schale, die sich trotz der Härte irgendwie weich anfühlt, weil sie noch frisch und ihr Inneres noch voller Feuchtigkeit ist. Hier werde ich wieder zum Kind, denn bei Kastanien erwacht die Sammelleidenschaft in mir. Ich kann kaum genug bekommen. Es ist schon gut, dass ich auf meinen täglichen Hundespaziergängen nicht immer an diesem Kastanienbaum vorbeikomme, sonst könnte ich im Winter die Wildschweine damit füttern.

Wie alt dieser Baum hier wohl sein mag? Kastanien können bis zu dreihundert Jahre alt und bis zu dreißig Meter hoch werden. Ich schaue an dem Stamm entlang nach oben. Gerade und kräftig ist er. Die Äste bilden eine rundliche Krone. Dieser hier hat im Frühjahr weiß geblüht. Aber auch die rot blühenden Kastanien sind einfach prachtvoll. Neben diesen Rosskastanien kennt man bei uns auch die Esskastanien. Sie sind jedoch nicht miteinander verwandt.

Erinnern Sie sich an den Geschmack der heißen Maronen auf dem Jahrmarkt? Auch heute noch kann man sie in der Herbst- und Winterzeit auf Märkten und an mobilen Röstwagen in den Einkaufsstraßen der Innenstädte kaufen.

Zwischen den braunen Früchten liegen die stacheligen, grünen Schalen. Jetzt, im Herbst, haben sie braune Flecken. Wenn ich meinen Finger in die Innenseite lege, kann ich gut die gepolsterten Fruchtkammern tasten. Ein sicherer und gemütlicher Ort für eine Kastanie.
Und da liegt noch eine geschlossene Fruchtkapsel. Sie hat den Sturz aus etlichen Metern Höhe überstanden ohne aufzuplatzen. Vorsichtig greife ich nach ihr und schaue sie mir genauer an. Besonders ansehnlich ist sie, ehrlich gesagt, nicht. Die Haut sieht narbig aus, teilweise ist bei den braunen Stellen die äußere Hautschicht weggebrochen und darunter kommt eine poröse Substanz zum Vorschein.

Ist das nicht manchmal auch bei uns Menschen so? Wie oft begegnen wir Menschen, die nach außen „Stacheln" tragen und uns deshalb unsympathisch sind. Ich schrecke dann leicht zurück und gehe lieber auf Distanz. Damit nehme ich mir und dem anderen oft genug die Chance, ihn besser kennenzulernen. Denn eins ist klar: Die meisten Menschen tragen ihre Stacheln als Schutz vor sich her – wie die Kastanie auch. Dahinter verbirgt sich aber ein verletzlicher, weicher Kern, der sich vor einem harten Aufprall schützen will.

Wie ist das bei mir? Fahre ich nicht auch manchmal meine Stacheln aus, weil ich Angst habe, übervorteilt zu werden, weil ich das Gefühl habe, übergangen und nicht genügend beachtet zu werden? Was hilft mir, mich zu öffnen und mein eigentliches Inneres zu zeigen?

Ich kann mich dort öffnen, wo ich grundsätzliche Wertschätzung erlebe. Wo ich weiß, dass ich mir Fehler erlauben darf. Wo ich auch ein Verlierer sein darf, der gerade nicht alles auf die Reihe bekommt.

Hinter der wehrhaften und eher unanhsehnlichen Schale der Kastanie verbirgt sich eine Frucht, die nicht nur als Nahrung dienen kann, sondern auch meiner Hand schmeichelt. Ein Teil der genialen Schöpfung Gottes!

Schade, wenn ich dem anderen keine Chance gebe, seine innere Frucht zu zeigen. Vielleicht bringe ich mich um die Freundschaft mit einem Menschen, der – genau wie ich – einfach Angst vor Verletzungen hat. Der aber viel zu geben hat und dies auch gern tun würde. Denn schließlich lebt niemand nur für sich. Leben soll Frucht bringen, und manchmal müssen erst ganz besonders harte Schalen aufspringen, damit die Früchte wirken können.

Vorsichtig stecke ich die Fruchtkapsel zu den anderen Kastanien in meine Tasche. Zu Hause werde ich die grüne, stachelige Kugel zusammen mit ihren Samen auf die Fensterbank vor meinem Schreibtisch legen. Sie sollen mich daran erinnern, dass sich hinter Stacheln oft eine wunderschöne Frucht versteckt.

Gebet

*Vater, ich weiß, der erste Eindruck ist nicht immer der richtige.
Hilf mir, mich nicht von den Stacheln des anderen
abschrecken zu lassen. Hilf mir, ihn als das zu sehen, was er ist:
dein Kind, das du liebst, und Teil deiner genialen Schöpfung.
Ich möchte ihm so gegenübertreten, dass er sich öffnen
und sein wahres Inneres zeigen kann. Und hilf auch mir,
meine Stacheln abzulegen und so zu leben, wie du es dir vorstellst.
Herr, ich brauche deinen liebevollen Blick. Ich weiß, dass er da ist.
Lass dieses Kopfwissen ganz tief in mein Herz rutschen,
damit ich aus dieser Gewissheit heraus stark und gelassen
sein kann und dem anderen mit Liebe begegne.*

Herbstspaziergang

Mit lang gezogenen Schritten, die Füße dicht am Boden, schlurfe ich durch das raschelnde Laub den Waldweg entlang. Heute ist ein wunderschöner Tag. Die Sonne gibt noch einmal ihr Bestes und bringt die satten Farben des Herbstes zum Leuchten. Ich liebe diese milde Wärme, die auf meinem Rücken liegt. Sie ist zart und kräftig zugleich, als wollte sie den Sommer noch einmal konzentrieren. Ein leichter Wind treibt mir den Geruch dieser Jahreszeit in die Nase: eine Mischung aus reifen Früchten, feuchter Erde und manchmal einem Hauch von moderndem Laub und Stroh. Der süßliche Geruch der Fülle. Meine beiden Hundedamen scheinen das auch sehr zu genießen und laufen tänzelnd vor mir her.

Diesen Weg finde ich besonders schön. Auf der einen Seite grenzt er an den Wald, auf der anderen Seite fassen ihn Büsche aller Art ein. Dann wieder schließen Weidezäune den Weg ab oder die Apfel- und Zwetschgenbäume der Streuobstwiesen laden dazu ein, ihre Früchte zu probieren.

Hier steht ein hoch gewachsener Hagebuttenstrauch. Im Sommer dufteten an dieser Stelle noch die rosa Blüten der wilden Heckenrose, jetzt leuchten ihre knallroten Früchte in der Sonne. Ich erinnere mich an selbstgemachte Hagebuttenmarmelade – mmh, die war lecker!

Für die Vögel, die bei uns überwintern, sind diese Vitamin-C-Lieferanten eine willkommene Nahrungsreserve.
Viele der kleinen Blättchen am Strauch sind schon gelb geworden und abgefallen. Umso besser kommen die Hagebutten zur Geltung. Auch die kräftigen, kurzen Dornen sind gut zu sehen. Wie oft habe ich mir daran schon die Haut aufgeritzt. Trotzdem: Das nächste Mal werde ich mir eine Schere einstecken und wieder ein paar Zweige für zu Hause mitnehmen.

Aus dem Wald ist ein Ratschen zu hören. Offensichtlich hat der Eichelhäher uns entdeckt und warnt nun lautstark vor uns Eindringlingen. Eichelhäher sind relativ häufige Vögel. Sie leben nicht nur auf dem Land, sondern auch in Parks und Gärten in der Stadt. Besonders im Herbst und bis in den Winter hinein sammelt dieser Rabenvogel mit den auffälligen, blau schillernden Flügeldecken Eicheln und andere Nussfrüchte. Bis zu zehn Eicheln passen in seinen Kehlsack – was für ein Transportwunder. Der Eichelhäher vergräbt seine Beute im Boden an Waldrändern und Lichtungen, aber nicht alle Vorräte werden später auch gefressen. Ein Glück für unsere Wälder, denn damit sorgt der Vogel dafür, dass bei uns vor allem Eichen, Buchen und Haseln verbreitet werden. Die Förster nennen solche Baumbestände deshalb Hähersaaten.

Ein schönes Bild: Aus dem Überfluss, aus vergessenen Früchten, entsteht etwas Neues, wovon nicht nur Pflanzen und Tiere, sondern auch wir Menschen profitieren.

Meine Hunde sind inzwischen schon ein Stück vorausgelaufen und suchen nach Äpfeln. Auf dieser Wiese stehen etliche Apfelbäume und einige Zwetschgenbäume. Die Zwetschgen sind bereits abgeerntet. Auch die weichen, gelblichen Frühäpfel sind gepflückt worden. Aber viele Apfelbäume hängen noch voll mit roten, gelben, grünlich roten oder gelb-roten Früchten in den unterschiedlichsten Größen. Wie sie duften! So ein Apfel direkt vom Baum schmeckt immer noch am besten. Da können die gleichförmigen Früchte aus dem Supermarkt nicht mithalten. Ich mag die süß-säuerlichen Äpfel am liebsten. „An apple a day keeps the doctor away", sagt ein englisches Sprichwort. Das ist vielleicht etwas übertrieben, aber immerhin steckt in so einer Frucht jede Menge Obstpower: über dreißig Vitamine, Spurenelemente, Mineralstoffe ... ein richtiges Gesundheitspäckchen!
Apfelbäume haben eine wunderschöne Krone. Sie ist eher rundlich und breit ausladend. Mein Großvater hat mir einmal erklärt, der Apfelbaum habe die Form eines Apfels, so wie der Birnbaum die Form einer Birne habe. Achten Sie bei Ihrem nächsten Spaziergang darauf – es stimmt!

Jetzt müssen wir aber weiter, denn wir haben noch ein Stück Weg vor uns. Die Hunde haben sich inzwischen ausgiebig am Fallobst bedient, eigentlich müssten sie satt sein. Bei jedem Schritt knackt es unter meinen Füßen. Hier liegen schon viele Eicheln auf dem Boden, und es kann durchaus passieren, dass man eine auf den Kopf bekommt. Neben dem Grün der Eiche leuchten die roten Beeren der Eberesche besonders auffällig und bilden einen schönen Kontrast zum Blau des Himmels. Oft hängen die Beerenbüschel noch am Baum, wenn dieser sein Laub schon verloren hat.

Weiter vorne ist der Weg mit Bucheckernhülsen übersät. Die Früchte selbst sind wohl schon von Vögeln und Nagetieren geholt worden. Die Rotbuche über mir muss also mindestens vierzig Jahre alt sein, denn erst dann bringt sie Früchte. Aus dem Augenwinkel sehe ich gerade noch den buschigen, roten Schwanz eines Eichhörnchens, das in rasendem Tempo den Baumstamm hinuntersaust.

Was findet denn dort für eine Versammlung statt? Natürlich, die Vögel rüsten sich zum Abflug in den Süden. Dicht nebeneinander sitzen sie auf den Stromleitungen. Wie viele es wohl sein mögen? Und welche Vogelart sich da beratschlagt? Ich kann es nicht erkennen. Plötzlich kommt Bewegung in die Truppe und der ganze Schwarm fliegt weiter. Jetzt üben sie noch und ich werde diesen Anblick in diesem Herbst noch öfter genießen können.

Neben mir in der Hecke raschelt es. Sicher ist es ein Vogel, der nach Käfern und Würmern sucht. Vielleicht aber auch ein Igel, der sich Fettpolster für den Winter anfrisst. Diese Schlehenbüsche mit ihren dunkelblauen Früchten bilden wirklich ein undurchdringliches Dickicht. Ein guter Schutz für kleine Tiere.

Hier ist ein schönes Plätzchen, eine geschützte Stelle, die von der Sonne gewärmt wird. Ich setze mich ins trockene Gras und genieße die Landschaft.
Von hier aus kann man die Pracht des bunten Herbstwaldes in der Nachmittagssonne besonders gut sehen: Von dunkelgrün über sämtliche Braun-, Rot-, Orange- und Gelbtöne reicht die Farbpalette. Ich kann mich gar nicht sattsehen an diesem Farbspiel. „Farbe kommt in dein Leben, wenn der Meistermaler malt" – diese Textzeile eines Liedes kommt mir in den Sinn. Der Komponist hat damit eigentlich kein Herbstlaub gemeint. Aber es ist ein tolles Bild dafür, wie kreativ Gott ist, wie groß seine Farbpalette ist und welche Möglichkeiten er uns in unserem Leben zur Verfügung stellt. Jeder Mensch hat andere Farben, er darf und soll mit ihnen sein Leben malen. Und Gott gibt mir Freiraum, stellt meine Füße auf weiten Raum, damit ich meine Farben entwickeln kann. Ich bin nicht festgelegt, ich darf mich verändern, wachsen. Das ist Freiheit!

Diese Blätter dort sehen richtig klasse aus, aber es ist auch klar, dass sie bald abfallen werden. Das Laub wird zu Erde, die wiederum den Nährboden für Neues bildet. Haben Sie sich schon einmal einen Zweig angeschaut, der sein Laub bereits verloren hat? Wenn Sie genau hinschauen, sehen Sie schon den neuen Knospenansatz für das kommende Jahr. Das ist Verheißung zum Anfassen!

Es wird Zeit weiterzugehen. In einem der Gärten, an denen wir vorbeikommen, fällt mein Blick auf einen Strauch mit gelben Früchten. Die waren mir bisher gar nicht aufgefallen. Im Frühjahr hat dieser Strauch leuchtend rot geblüht. Die Sonne steht gerade so, dass sie die apfelförmigen Früchte regelrecht zum Strahlen bringt. Neugierig gehe ich näher heran und jetzt kann ich sie auch riechen: Es sind Zierquitten. Ihr Duft ist zitronig-süßlich, manche sagen, er sei dem der Ananas oder der Aprikose ähnlich. Zierquitten können wie ihre großen Verwandten zu Gelee, Marmelade und Most verarbeitet werden. Sie machen sich aber auch gut als Duftkugeln im Kleiderschrank und als duftendes Element in der Herbstdeko.

Vollgetankt mit Sonne, Farben, den eher leisen Herbstgeräuschen und dem Duft dieser Jahreszeit komme ich nach Hause. Satt von den vielen Eindrücken setze ich mich mit einem Glas Federweißer in eine sonnige Ecke auf die Terrasse. Gott meint es gut mit uns!

Deko-Tipp

Nehmen Sie sich doch einfach die Farben und Früchte des Herbstes mit nach Hause. Halten Sie auf Ihren Spaziergängen Ausschau. Je nachdem, ob Sie eher städtisch oder eher ländlich wohnen, stehen Ihnen die unterschiedlichsten Früchte für die Herbstdekoration zur Verfügung.

Größere Früchte wie Maiskolben, Äpfel, Zierquitten, Zierkürbisse und Dolden der Eberesche können gut in einem Körbchen untergebracht werden. Kleinere Früchte wie Kastanien und Walnüsse (jeweils mit und ohne Schale), Eicheln, Bucheckern, Zieräpfel und Zierkirschen, Hagebutten und Blüten der Lampionblume lassen sich wirkungsvoll auf einer flachen Schale arrangieren. Auch abgeblühte Sonnenblumenköpfe und getrocknete Strohblumenblüten eignen sich gut für die Herbstdekoration. Ergänzen Sie das Arrangement mit einer dicken Kerze in herbstlichen Farben. Gerade jetzt, wenn die Tage wieder kürzer werden, verbreitet ihr warmes Licht Gemütlichkeit.

Abgeschnittene Hagebuttenzweige oder ganze Stiele der Lampionblume sehen in einer Vase oder einem Krug ebenfalls sehr schön aus.

Pflanz-Tipp

Wenn Sie Ihren Balkon oder Ihren Eingangsbereich auch herbstlich dekorieren wollen, bieten Gärtnereien eine große Auswahl an passenden Gewächsen an. Probieren Sie doch einmal die Kombination von Zierkohl, Alpenveilchen, Scheinbeere und Heide aus. Ist der Kübel groß genug, passt sehr schön ein Gras dazu. Achten Sie auf die farbliche Abstimmung. Auf unserem Bild kommt der Rot-Weiß-Kontrast sehr gut zur Geltung ... Wenn die einzelnen Pflanzen unterschiedlich hoch sind, sieht das Ganze lebendiger aus.

Sofern Sie genug Platz haben, dürfen bei der Herbstbepflanzung große und kleine Chrysanthemen in jeweils separaten Kübeln nicht fehlen. Diese prächtigen, buschigen Pflanzen gibt es in verschiedenen Farben, die Balkon und Terrasse dann in allen Herbsttönen leuchten lassen.

Sehr gut dazu passen Kürbisse in unterschiedlichen Größen, die Sie zwischen die Töpfe legen können.

Unbezahlbare Früchte

Der Klang der Orgel erfüllt den gesamten Kirchenraum. Wir feiern heute Erntedank, und der Organist bringt dafür sein Instrument zum Jubeln.
Wie immer haben fleißige und geschickte Hände die Kirche mit den Früchten vom Feld und aus den Gärten wunderschön geschmückt.

Auf dem Altar glänzt das traditionelle Erntedankbrot mit eingeritzter Jahresangabe. Eine bunte Vielfalt an Obst- und Gemüsesorten verleiht dem Altarraum eine besondere, lebendige Stimmung. Kohl, Kürbis, Kartoffeln, Möhren, Mais und Rote Beete liegen dort zusammen mit Äpfeln und Trauben als Stellvertreter für das vielfältige Angebot, das wir täglich genießen können. Sogar Strohballen, Getreidebündel und eine Harke wurden in die Kirche gebracht.
Ein wunderbarer Anblick, der mich jedes Jahr aufs Neue darüber staunen lässt, wie reich Gott uns beschenkt.

Erntedank – wie intensiv spüre ich überhaupt meine Abhängigkeit? Die wenigsten von uns erleben Saat, Pflanzen und Ernte der Lebensmittel noch unmittelbar. Schlechte Ernten machen sich höchstens durch höhere Preise im Supermarkt bemerkbar. Wir haben das Privileg, uns immer satt essen zu können. Trotzdem wissen wir, wie wichtig eine gute Ernte ist, auch wenn wir unser tägliches Brot im Laden kaufen.

Ein Bauer ist direkt vom Ernteertrag abhängig. Sein Obst und Gemüse kann er selbst essen, er braucht jedoch darüber hinaus seinen Verdienst aus dem Verkauf der Früchte, um sich andere Dinge, die er zum Leben benötigt, kaufen zu können.

Aber auch die meisten anderen Menschen leben von den Früchten ihrer Arbeit, wenn auch mittelbar.

Und nicht nur Lebensmittel oder Geld sind Früchte, die wir ernten. Dazu gehören auch nicht-materielle Früchte wie Beziehungen, Freundschaft, Liebe, Gesundheit, Freude, Geduld, Freundlichkeit, Kraft ... Ein liebender Partner, gute Freunde, nette Nachbarn, eine gute Arbeitsstelle sind nicht mit Geld zu kaufen, geschweige denn zu bezahlen.

Für welche Früchte können Sie dieses Jahr besonders dankbar sein?

Die Gaben, die auf dem Altar liegen, sind ein Dank an Gott für all das, was er uns geschenkt hat. Wir geben Gott einen kleinen Teil dessen zurück, was er uns hat zukommen lassen. Wir haben allen Grund dankbar zu sein.

Du schenkst eine reiche und gute Ernte –
die Krönung des ganzen Jahres.

Psalm 65,12

Rezept

Herbstsalat mit Honig-Senf-Dressing

Für den Salat:
150 g Feldsalat
100 g Feta
60 g Walnüsse
1 weiche Birne

Für das Dressing:
4 EL Olivenöl
2 EL dunkler Balsamico-Essig
2 EL Honig
1 EL Senf
2 EL gemischte Gartenkräuter
Salz, frisch gemahlener Pfeffer

Die Wurzeln der Feldsalatblätter entfernen und den Salat anschließend waschen, schleudern und auf vier flachen Salat-Schälchen anrichten. Den Feta würfeln, die Walnusskerne mit der Hand zerkleinern, die Birne entkernen und in feine Scheiben schneiden. Alles gleichmäßig auf dem Salatbett verteilen. Für das Dressing die genannten Zutaten gut verrühren und mit einem Löffel vorsichtig über den Salat träufeln.

Gemeinsam funktioniert's!

Heute ist ein klarer, wenn auch kühler Herbsttag. Die Sonne scheint, aber sie hat nicht mehr so viel Kraft, und die ersten Nachtfröste lassen keinen Zweifel, dass es nicht mehr lange dauert, bis der Winter kommt.

Was ist denn das für ein Lärm? Zuerst weiß ich gar nicht, woher er kommt, aber dann wandert mein Blick sofort nach oben. „KrruKrruKrru" – die Kraniche fliegen. Noch kann ich die Tiere nicht sehen, aber ihre Rufe werden immer lauter und deutlicher. Sorgfältig suche ich den Himmel ab. Sie müssten von Norden oder Osten kommen ... und schließlich entdecke ich sie. Deutlich kann ich die keilartige Zugformation erkennen. Wie viele Vögel das wohl sind? Auf jeden Fall mehr als hundert. Unglaublich, wie sie es schaffen, in diesen Reihen zu fliegen. Natürlich tanzen, besser gesagt, fliegen, auch ein paar aus der Reihe. Dort hat sich sogar eine kleine Gruppe aus dem Hauptschwarm ausgeklinkt – oder waren die einfach etwas spät dran und müssen nun sehen, dass sie den Anschluss bekommen?

Inzwischen ist der Schwarm direkt über mir, allerdings sehr weit oben. Schade, ich würde mir diese imposanten Vögel gern näher ansehen.

Ein Kranich, der auf einem Feld oder einer Wiese nach Nahrung sucht, ist eine auffällige Erscheinung. Die großen, grauen Schreitvögel mit den langen Beinen und dem langen Hals haben als besonderes Kennzeichen einen leuchtend roten Scheitelfleck auf dem Kopf.

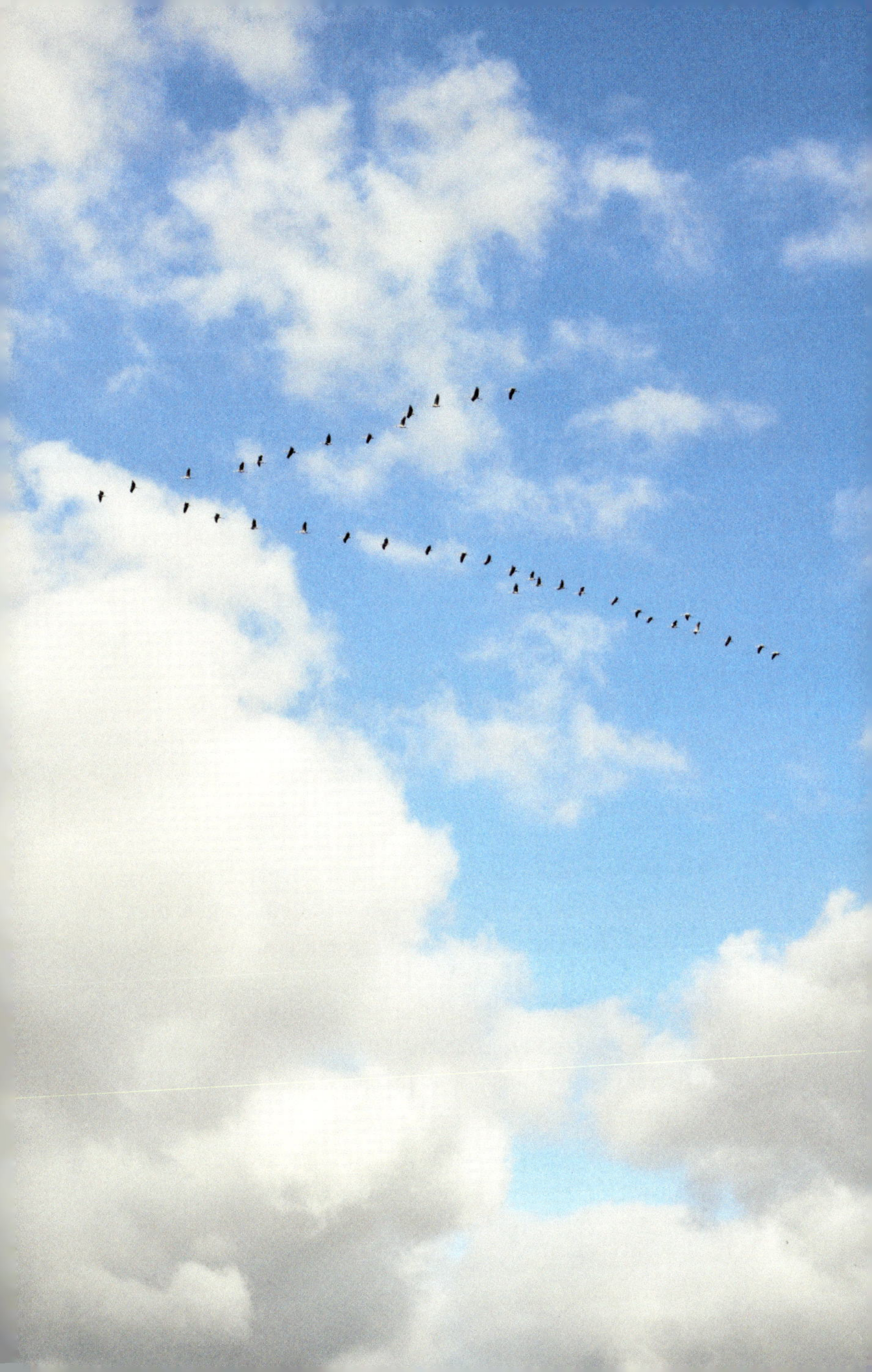

Wo sie wohl eine Pause einlegen werden? Immerhin kommen die Tiere aus ihren Brutgebieten und sind auf dem Weg in die südlichen Winterquartiere. In der Regel fliegen sie bis zu hundert Kilometer am Tag, schaffen aber auch sagenhafte zweitausend Kilometer ohne Zwischenlandung. Wenn der Rückenwind stimmt, können sie sogar mit einem Auto auf der Landstraße mithalten.

Es ist einfach faszinierend. Instinktiv wissen die Kraniche, wann sie abfliegen müssen und in welche Richtung die Reise geht.
Manchmal wünsche ich mir auch einen solch sicheren Instinkt für meinen nächsten Lebensschritt. Soll ich das tun oder jenes? Wie soll ich in dieser Sache entscheiden, die ich schon so lange vor mir herschiebe? Wäre es nicht schön, einfach losfliegen zu können, ohne großartig nachdenken und planen zu müssen? Sich einfach in eine Keilformation einreihen und los geht's!

Abgesehen davon, dass das mit dem Fliegen bei mir wohl nicht funktionieren würde – schon allein wegen meiner Höhenangst –, kann ich trotzdem einiges von den Kranichen lernen.
Kraniche bilden große Gemeinschaften, um gefährliche und harte Zeiten zu überstehen. Nicht umsonst hat Gott auch uns Menschen als gemeinschaftliche Wesen erschaffen.

Wir brauchen einander, dann ist vieles einfacher – nicht nur in harten Zeiten. Als Christen suchen wir die Gemeinschaft mit anderen Christen, um uns gegenseitig zu stärken, zu ermutigen und auch zu korrigieren. Und wir wollen jemandem sagen können: „Hey, ich hab' was Tolles erlebt! Ich bin einfach glücklich!"

In einer Gemeinschaft muss ich mich aber auch an bestimmte Regeln halten. Sonst stoße ich andere vor den Kopf, verletze sie vielleicht sogar und isoliere mich letztlich selbst. Dann geht es mir so ähnlich wie dem Kranich, der aus der Reihe fliegt. Auf diese Weise kostet es nämlich wesentlich mehr Kraft, seinen Weg fortzusetzen. Andererseits brauchen wir immer wieder auch Menschen, die aus der Reihe tanzen. Keine Menschen, die uns bewusst verletzen und nur ihren eigenen Vorteil verfolgen. Aber solche, die querdenken, kritisch hinterfragen, für uns ungewöhnliche Dinge tun und damit unsere eingefahrene Sichtweise infrage stellen. Vielleicht merken wir dabei, dass man manches durchaus anders sehen kann und es an der Zeit wäre, dies auch zu tun.

Noch einmal zurück zu den Kranichen: Wenn im Frühjahr die Kraniche zurückkommen, so heißt es, ist das ein untrügliches Zeichen für das Ende des Winters. Also, Ohren und Augen auf, wenn uns nach der kalten Jahreszeit die Frühlingssehnsucht packt.

Winter

Advent

Wie das duftet! Das Früchtebrot im Ofen bringt den Geruch von Weihnachten ins Haus. Küche, Esszimmer und Speisekammer sind zudem belegt mit Blechen voller Plätzchen, die ebenfalls ihren verführerischen Duft verbreiten. Das wird uns und unseren Gästen schmecken!
Auf jeden Fall muss ich jetzt noch mal an die frische Luft. Die Tage sind wirklich kurz und die Sonne wird bald untergehen. Höchste Zeit, sich auf den Weg zu machen.

In dieser Zeit gehe ich ganz besonders gern in unserem Wohngebiet spazieren. Die meisten Häuser und Gärten sind weihnachtlich geschmückt, von Woche zu Woche gibt es etwas Neues zu entdecken.
In einer Straße bleibt mein Blick an einem Strauch mit violetten Beeren hängen. In dieser Jahreszeit, in der braun und grün dominieren, fällt die Farbe dieser Beeren sofort auf. Wie schön, dass er dicht an der Grundstücksgrenze steht, sodass ich ihn aus der Nähe betrachten kann. Schönfrucht oder Liebesperlenstrauch wird dieses Gehölz genannt. Im Sommer ist die Pflanze eher unscheinbar, aber sobald ihr Laub gefallen ist, hat sie ihren großen Auftritt. Und den inszeniert sie meisterhaft. Dieser Strauch hier ist über und über mit den lila Steinfrüchten, die in doldenförmigen Gruppen angeordnet sind, übersät. Wirklich ein Schmuckstück in dieser Zeit! Allerdings darf man sich von seinem Namen nicht in die Irre führen lassen: Die Früchte sind giftig.

Einige Häuser weiter schmiegt sich eine Stechpalme an die Hauswand. Hier komme ich nicht nahe heran, aber zwischen den ledrigen, dunkelgrünen Blättern leuchten knallrote Beeren hervor.

Vor allem die unteren Blätter der Stechpalme sind mit Stacheln versehen. Oft sind die Stacheln weniger ausgeprägt, je höher ein Blatt hängt, da es nicht so stark durch Fressfeinde gefährdet ist. Diesem Phänomen verdankt die Pflanze, dass sie zum Symbol der weisen Voraussicht wurde.

Kleinere Vögel wählen sich den Baum oder Strauch gern als Schlafplatz aus. Für einige Vogelarten sind die beerenartigen Steinfrüchte im Winter auch eine wichtige Nahrungsquelle. Ihre hohe Giftigkeit – bereits zwanzig bis dreißig Beeren gelten für einen Erwachsenen als tödlich – scheint den Tieren nichts auszumachen.

Der Name der Stechpalme verweist auf eine christliche Tradition zu Palmsonntag, an dem Christen sich an den Einzug Jesu in Jerusalem erinnern. In Ermangelung echter Palmen wurden in manchen Gegenden die immergrünen Zweige der Stechpalme geweiht.

In Großbritannien und Nordamerika werden auch an Weihnachten traditionell Stechpalmenzweige zur Dekoration benutzt. Sie stehen in mehrfacher Weise für Jesus Christus: Die Stacheln für seine Dornenkrone, die rote Farbe der Früchte für sein vergossenes Blut und die immergrünen Blätter für Unsterblichkeit bzw. Auferstehung.

Inzwischen ist es dunkel geworden. An vielen Häusern leuchten mir Lichterketten, beleuchtete Tannen und Fichten, Sterne und Kerzen entgegen. Manche sind sehr aufwendig geschmückt, andere eher zurückhaltend. Hier grüßt ein Nikolaus am Eingangstor, dort steht ein Rentier mit Schlitten im Vorgarten und bewegt sich, wenn man näher kommt. Die Werbemaßnahmen der Geschäfte waren offensichtlich ein voller Erfolg.

Nicht alles entspricht meinem persönlichen Geschmack, trotzdem genieße ich jedes Jahr dieses Schauspiel. Ich liebe es, durch die geschmückten Straßen zu gehen, und selbstverständlich haben auch wir unser Haus dekoriert.
Denn jedes einzelne Licht weist auf das größte Licht Jesus Christus hin. An Weihnachten feiern wir, dass er zu uns auf die Welt, in unseren Alltag gekommen ist. Nicht als glanzvoller, mächtiger Herrscher, der nicht wusste, was Armut, Flucht, Heimatlosigkeit, Leid und Gewalt bedeuten. Nein, er kam unscheinbar, hilflos, als Kind. Jesus Christus weiß, was wir manchmal durchmachen müssen. Deshalb können wir uns auch in jeder Situation an ihn wenden. Er weiß, wovon wir reden!
Aber er kam auch in göttlicher Kraft, das war sozusagen seine Mission. In Christus zeigt uns Gott, dass er voller Liebe ist. Und er öffnet uns den Weg zu sich.

Deshalb hat jedes Licht an der Lichterkette seine Berechtigung, auch wenn vielen Menschen das vielleicht nicht mehr bewusst ist. Wir sehnen uns nach Licht – die vielen geschmückten Häuser und Gärten zeigen es.

Mit diesen Licht-Eindrücken komme ich wieder zu Hause an. Jetzt werde ich mir eine Kerze anzünden, einen heißen Kakao kochen und meine Lieblings-Weihnachtsmusik auflegen: eine ruhige halbe Stunde im Advent.

Christus ist dieses wahre Licht,
das für alle Menschen in der Welt leuchtet.

Johannes 1,9

Pflanz-Tipp

Im Winter sind blühende Pflanzen im Kübel oder im Garten eine besondere Kostbarkeit. Wie wäre es mit einem Blumenkasten, der allein mit Christrosen bepflanzt ist? Ein Soloauftritt bringt ihre schlichte Eleganz besonders gut zum Vorschein.

Christrosen gibt es in unterschiedlichen Sorten, von denen manche schon im November zu blühen beginnen. Andere, wie die Weihnachts-Christrose, öffnen ihre Blüten im Dezember oder auch erst im Januar. Die weißen Blüten passen zum winterlichen Wetter und trotzen dem Frost. Allerdings sollten Sie das Pflanzgefäß bei starken Minustemperaturen zum Beispiel durch Sackleinen und Tannenzweige schützen oder es in einem kühlen Raum unterstellen. Eingepflanzt im Garten kann die Pflanze Frost deutlich besser vertragen.

Eine Art, die erst ab Februar blüht, ist die sogenannte Lenzrose. Ihre Farben variieren von weiß und gelb über rosa bis purpur. Damit kommen auch die Pflanzenliebhaber auf ihre Kosten, die es gerne farbig mögen, allerdings ist dann der Winter fast schon wieder vorbei.

Deko-Tipp

Je kürzer und dunkler die Wintertage sind, desto mehr freue ich mich über Licht und Farbe in der Wohnung. Geht es Ihnen auch so? Dann probieren Sie doch einmal folgende Deko-Variation: Stechpalmenzweige mit roten Beeren und dunkelgrünen Blättern sowie Kiefernzapfen in eine hohe Glasvase füllen und eine dicke Kerze hineinstellen (dabei auf einen sicheren Stand der Kerze achten). Der Rote Hartriegel lässt das Ganze lockerer wirken und verlängert es nach oben. Wenn Sie mögen, legen Sie um die Vase herum einige Tannen-, Kiefern- oder Fichtenzweige.

Wenn Ihnen diese Kombination aufgrund der Farben zu weihnachtlich ist, benutzen Sie eine Kerze in weiß oder beige, die den eher winterlichen Charakter unterstreicht. Statt der Stechpalmenzweige können Sie auch Lärchen- und Erlenzapfen, trockene Samenstände verschiedener Gartenstauden (zum Beispiel Sonnenhut oder Silberling), getrocknete Apfelscheiben oder auch kurze Buchsbaumzweige für die Winterdekoration verwenden.

Königlich geschmückt

Hat es heute Nacht etwa geschneit? Unser Garten sieht richtig überzuckert aus. Nein, es ist kein Schnee gefallen, aber der Nebel und die frostigen Temperaturen haben einen fantastischen Raureif über Bäume, Sträucher, Blätter und Grashalme gelegt. Die Zweige unseres Apfel- und unseres Kirschbaums sind zentimeterhoch damit bedeckt. Auch die Birken, die Kiefer, die Lebensbäume und diverse Sträucher unserer Nachbarn sind damit überzogen. Ein wirklich spektakulärer Anblick, zumal in der leuchtenden Morgensonne!

Das muss ich mir genauer ansehen. Unser Apfelbaum streckt mir bereitwillig einen seiner unteren Äste entgegen: Tausende nadelförmiger Eiskristalle sitzen dicht nebeneinander und haben bizarre Formen gebildet. Ein leichter Wind hat diese dicke Schicht entstehen lassen. Vorsichtig berühre ich das filigrane Gebilde. Kaum habe ich seine Kälte gespürt, fallen die Kristalle unter meiner Berührung herunter. Es sind wirklich sehr zerbrechliche Kostbarkeiten.

Gegenüber am Teich tragen auch die Gräser den schönsten Kristallschmuck. Manche Halme liegen, andere stehen aufrecht und man kann die Raureifstrukturen besonders gut erkennen. Die Blütenstände des Pampasgrases wirken damit noch außergewöhnlicher als sonst.

Dagegen sieht das Efeu auf der anderen Seite des Gartens sehr unscheinbar aus, obwohl es ebenfalls mit Raureif überzogen ist. Ein paar verdorrte Blätter vom Kirschbaum liegen dazwischen. Auch sie sind weiß geschmückt.

Es kommt wohl immer darauf an, wie ich jemanden betrachte und wie ich betrachtet werde. Liebevolle Augen nehmen den Knick oder die schwarze Stelle vielleicht wahr, aber sie fokussieren sich nicht darauf. Sie sehen das Ganze mit Liebe.

So schaut auch Gott uns voller Liebe an. In seinen Augen sind wir wunderschön. Der Clou daran ist: Gott ist nicht blind für meine Fehler oder meine unansehnlichen Stellen. Er ist nicht blind vor Liebe, sondern seine Liebe sieht mich sehr klar und bleibt trotzdem bestehen. Ist das nicht fantastisch? Menschlich betrachtet sehe ich vielleicht aus wie ein Grashalm, der etwas geknickt ist, oder ein Blatt, das eine faule Stelle hat. Aber göttlich betrachtet bin ich königlich geschmückt, ein Königskind Gottes.

Vielleicht kann so ein verdorrtes Blatt mit schwarzer Stelle eine wertvolle Erinnerung an den liebevollen Blick Gottes sein.

Gebet

Eisig kalt ist es draußen, alles Leben scheint unter dem Frost
erstarrt zu sein. Der Teich trägt eine dicke Eisschicht.
Gut, dass die Fische schon wintererprobt sind. Die braunen Blätter
und die gelben Halme der Gräser lassen nichts davon ahnen, wel-
che Lebenskraft sich unter dem Frost verbirgt. Sie ruhen sich aus,
sammeln neue Kräfte und warten nur darauf, dass die
Frühlingssonne zum Aufbruch ruft.
Doch es gibt Pflanzen, die genau jetzt blühen, inmitten der Kälte.
Und auch die Vögel lassen sich nicht vom Winter einschüchtern.
Vater, ich fühle mich wie erstarrt, wenn sich manchmal
Frost auf mein Leben legt. Die Winterzeiten in meinem Leben
gefallen mir nicht. Ich spüre kaum noch Lebenskraft,
meine Hoffnung ist nur noch eine schwache, flackernde Flamme.
Und doch schenkst du mir auch in diesen Zeiten Hoffnungszeichen.
Getragen zu werden, unerwartete Stärke und Zuversicht
zu erfahren, das sind Blüten, die mich daran erinnern:
Nach dem Winter kommt ein neuer Frühling.

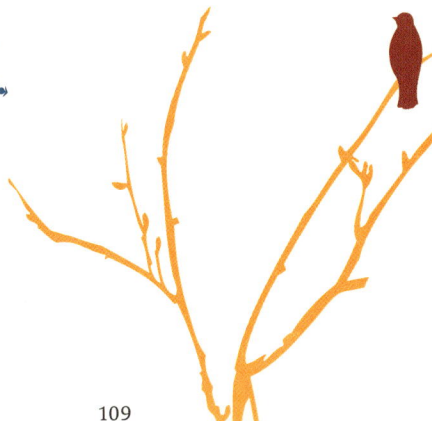

Kindliches Vergnügen

Frische, klare Luft strömt mir entgegen, als ich die Haustür öffne. Es riecht nicht nur nach Schnee, alles liegt unter einer dicken, glitzernden weißen Decke. Die letzten Tage hat es immer wieder geschneit, und auch tagsüber haben es die Temperaturen nicht über den Gefrierpunkt geschafft. Heute haben wir geradezu Bilderbuchwetter: Blauer Himmel, Sonnenschein und kein Lüftchen regt sich. Kann es bessere Voraussetzungen für einen Winterspaziergang geben?

Während ich noch in die warmen Stiefel schlüpfe, erkunden meine beiden Hündinnen schon die Umgebung. Hier muss eine Katze gelaufen sein, und dort zeigt eine zarte, flache Spur, dass ein Vogel entlanggehüpft ist.
Inzwischen ist die bis dahin weitgehend unberührte Schneedecke von zweimal vier Pfoten markiert, die kreuz und quer ihre Abdrücke hinterlassen haben.

Im Feld ist die Schneelandschaft noch viel beeindruckender: Weiß, weich und luftig bedeckt liegen Äcker und Wiesen vor mir. Die Sonne bringt die Millionen Schneekristalle zum Funkeln. Über mir spannt sich der blaue Himmel. Tief atme ich die Winterluft ein und lasse diese Farben und das Glitzern auf mich wirken. Was für ein Anblick! Die unberührte Fläche wird nur ab und zu durch Wildspuren unterbrochen. Rehe und Hasen waren unterwegs, und ist das vielleicht eine Fuchsspur?

Es ist seltsam still, wie immer, wenn es viel geschneit hat. Der Schnee unter meinen Füßen knirscht leise, als ich dem Weg zum Waldrand folge. Offensichtlich haben viele andere vor mir diesen Tag auch schon für einen Spaziergang genutzt, denn die kalte Masse ist hier fast überall festgetreten. Das fühlt sich nach einem guten Schneemann-Schnee an. Zur Probe forme ich einen kleinen Schneeball – er hält hervorragend zusammen! Vielleicht könnte man ja ...

Inzwischen sind wir am Waldrand angekommen. Auf den Ästen der Bäume türmt sich die weiße Pracht. Während die blattlosen Laubbäume nur schmale Schneestege auf ihren Zweigen tragen, beugen sich die Äste mancher Fichte und mancher Kiefer unter der frostigen Last.

Die hohen Gräser am Wegrand, die im Herbst schon scheinbar in den Erdboden zurückkriechen wollten, sind dick mit Schnee eingepackt. Auch der Waldboden ist frisch weiß bezogen. Walzenförmige Erhebungen zeigen, wo Baumstämme zugedeckt liegen, und immer wieder ragen heruntergefallene Äste und Zweige aus der Schneedecke hervor.

An einem dieser Äste ist ein winziger Vogel beschäftigt. Flink hüpft er daran entlang und pickt immer wieder ins Holz. Dieses kleine Wintergoldhähnchen mit seinem grünlich braunen Gefieder, der etwas helleren Bauchfärbung sowie dem gelbschwarzen Kopfstreif ist offensichtlich

auf Nahrungssuche. Die Tiere ernähren sich von kleinen Spinnen und Insekten. Dafür klettern sie auch manchmal kopfüber einen Zweig hinab oder wagen sich sogar unter die Schneedecke, wenn darunterliegende Zweige Beutetiere beherbergen. Das Wintergoldhähnchen ist mit einer Länge von circa neun Zentimetern und einem Gewicht zwischen vier und sieben Gramm der kleinste europäische Vogel. Es muss sich ganz schön ins Zeug legen, um im Winter zu überleben. Mindestens so viel wie es selbst wiegt, muss es täglich an Nahrung zu sich nehmen. Damit ist es fast den ganzen Tag beschäftigt.

Wintergoldhähnchen leben bevorzugt in Nadelwäldern. Im Winter kann man sie auch manchmal im Park oder Garten beobachten.

Dieser Vogel hat etwas Anrührendes: Klein und mit rundlicher Gestalt sieht er besonders zart und schutzbedürftig aus, aber auch sehr vital und überlebenstüchtig.

Vom Hauptweg biege ich in einen Seitenweg ab. Hier sind noch nicht so viele Spaziergänger gelaufen, der Schnee ist noch deutlich weicher. Schon bald sinke ich mit meinen Stiefeln knöcheltief ein, vor allem dort, wo die Traktorenreifen im vergangenen Herbst tiefe Spurrillen hinterlassen haben.

Auch der Acker, der hier vor mir liegt, ist mit einer dicken Schneeschicht bedeckt. Das wäre ein idealer Platz, um einen Schneemann zu bauen.

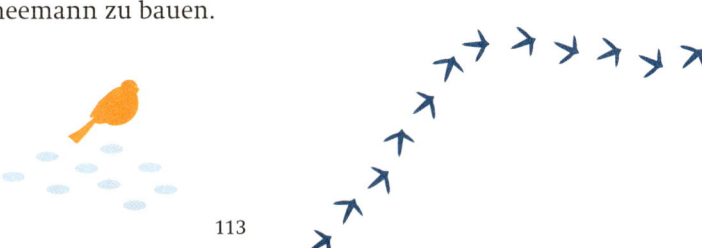

Ich schaue mich um – niemand sonst zu sehen –, denn ein bisschen peinlich finde ich es schon, ohne ein „Alibi-Kind" einem solch kindlichen Vergnügen nachzugehen.

Schnell ist eine kleine Kugel geformt, die sich gut durch den Schnee wälzen lässt. Ja, das pappt gut! Größer und größer wird die Kugel – und immer schwerer. Das muss jetzt erst einmal reichen, sonst wird es schwierig mit dem Aufeinandersetzen. Auch der Oberkörper stellt kein Problem dar, es ist ja genug Rohmaterial vorhanden.
Nachdem meine Hunde zunächst neugierig zugeschaut haben, was ich da mache, haben sie sich wieder ihren Erkundungen zugewandt. Schließlich kann man meine Schneekugeln nicht fressen, und die Wildspuren im Schnee riechen viel interessanter.
Mit etwas Mühe wuchte ich die zweite Kugel auf die erste. Jetzt noch den Kopf gerollt und aufgesetzt – dann ist die Rohform fertig. Schade, dass ich weder einen alten Hut noch eine Möhre bei mir habe. Für Augen, Nase, Mund und Knöpfe kann ich Hundeleckerchen nehmen – wenn meine beiden Hundedamen sie nicht gleich wieder abfressen.

Während ich noch überlege, ob es nicht doch eine Möglichkeit gibt, einen Hut zu zaubern, ertönt hinter mir ein freundliches „Hallo!". Ein anderer Hundebesitzer ist mit seinem Vierbeiner unterwegs und winkt zu mir herüber. Bin ich also doch erwischt worden! Ein bisschen verlegen erzähle ich, wie viel Spaß es mir macht, einen Schneemann zu bauen, auch wenn das doch eigentlich eher etwas für Kinder ist.

Warum ist mir das eigentlich peinlich? Was ist falsch daran, sich ein kindliches Vergnügen zu erlauben? Nichts! Aber auch in meinem Kopf haben sich gesellschaftliche Konventionen und Vorstellungen darüber festgesetzt, was man zu tun oder zu lassen hat, was sich gehört oder nicht und wie man sich in welchem Lebensalter verhalten sollte. Ob diese Vorstellungen allerdings gerechtfertigt sind und ob sie Sinn machen oder schlichtweg ihren (vielleicht ursprünglich berechtigten) Sinn verloren haben, das wird nicht mehr hinterfragt.

Offensichtlich will ich vor anderen gut dastehen, nicht aus dem Rahmen fallen, nicht belächelt werden. Schade, ich bin wohl doch abhängiger von der Meinung der Leute, als ich es eigentlich möchte. Das kann mich ganz schön unter Druck bringen, wenn nämlich meine Überzeugung und die daraus folgenden Konsequenzen mit den Ansichten anderer kollidieren. Wie werde ich mich dann entscheiden?

Als Christ bin ich zuallererst Gott verantwortlich. Das gibt mir einen klaren Orientierungspunkt. Und es eröffnet mir eine große Freiheit: Gesellschaftliche Normen und Zwänge sind nicht das Maß aller Dinge, sondern Gott.

Und: Bei Gott darf ich Kind sein mit allem, was dazugehört. Vielleicht sollte ich in diesem Winter noch öfter einmal einen Schneemann auf den Acker setzen und mich daran erinnern, dass ich ein Kind Gottes bin.

Der andere Hundebesitzer fand mein Verhalten jedenfalls gar nicht merkwürdig, sondern hat sich anscheinend über den Schneemann gefreut. Und einige Tage später habe ich auf dem Feld gegenüber eine ganze Reihe weiterer Schneemänner entdeckt!

Winterlied

Das Feld ist weiß, so blank und rein,
Vergoldet von der Sonne Schein,
Die blaue Luft ist stille;
Hell wie Kristall
Blinkt überall
Der Fluren Silberhülle.

Der Lichtstrahl spaltet sich im Eis,
Er flimmert blau und rot und weiß
Und wechselt seine Farbe.
Aus Schnee heraus
Ragt nackt und kraus
Des Dorngebüsches Garbe.

Von Reifenduft befiedert sind
Die Zweige rings, die sanfte Wind'
Im Sonnenstrahl bewegen.
Dort stäubt vom Baum
Der Flocken Flaum
Wie leichter Blütenregen.

Tief sinkt der braune Tannenast
Und drohet mit des Schnees Last
Den Wandrer zu beschütten;
Vom Frost der Nacht
Gehärtet, kracht
Der Weg von seinen Tritten.

Das Bächlein schleicht, von Eis geengt;
Voll lauter blauer Zacken hängt
Das Dach; es stockt die Quelle;
Im Sturze harrt,
Zu Glas erstarrt,
Des Wasserfalles Welle.

Die blaue Meise piepet laut;
Der muntre Sperling pickt vertraut
Die Körner vor der Scheune.
Der Zeisig hüpft
Vergnügt und schlüpft
Durch blätterlose Haine.

Wohlan! auf festgediegner Bahn,
Klimm ich den Hügel schnell hinan,
Und blicke froh ins Weite
Und preise den,
Der rings so schön
Die Silberflocken streute.

Johann Gaudenz von Salis-Seewis

Frühstück!

Nanu? In der Linde vor unserem Haus findet ja eine richtige Vogelkonferenz statt!

Irgendwie sieht das so aus, als ob sie auf etwas warten würden. Haben sie etwa Hunger?

Über Nacht hat es noch einmal ordentlich geschneit. Balkon und Geländer sind mit einer dicken Schicht frischen Schnees überzogen. Auch das Vogelfutterhaus trägt eine weiße Haube. Die kahlen Äste der Linde sind ebenfalls damit bestückt – bis auf die Stellen, die von einem wartenden Vogel besetzt sind.

Vom Fenster aus kann ich in den Futterbehälter hineinschauen. Er ist nicht leer, aber vielleicht sind das nur noch Schalen der Sonnenblumenkerne, und die nahrhaften Samen sind schon gefressen worden.

Dem muss abgeholfen werden. Schließlich sitzen da schon hungrige Gäste und warten aufs Frühstück. Schnell fülle ich etwas von der Futtermischung nach und ziehe mich zurück.

Als Erstes trauen sich die Spatzen heran. Flink holen sie sich ein paar Samen. Immer wieder gehen ihre graubraunen Köpfchen nach unten und suchen nach Leckereien.

Spatzen leben wohl schon seit über zehntausend Jahren mit dem Menschen zusammen. Kein Wunder, dass es viele Sprichwörter über sie gibt. Dabei kommen die Tiere nicht

immer gut weg. Das sprichwörtliche Spatzenhirn ist eines davon. Hier kann man nur sagen: Klasse statt Masse! Sie sind zum Beispiel in der Lage, die Deckel von Milchflaschen zu öffnen. Und sie können nicht nur die Warnrufe anderer Vogelarten verstehen, sondern auch die Alarmrufe von Staren und Amseln imitieren. Ganz schön clever!

Die Tiere haben übrigens ein ausgeprägtes Sozialverhalten. Viele ihrer Aktivitäten sind synchronisiert, so auch die Nahrungssuche. Findet ein Sperling eine Nahrungsquelle, ruft er seine Kollegen und wartet mit dem Fressen, bis diese kommen.

Wer hätte das gedacht? Das hätte ich dem kleinen Gesellen gar nicht zugetraut.

Manchmal geht es mir so ähnlich mit anderen Menschen. Über manche urteile ich vorschnell und stelle dann in einem intensiveren Gespräch fest, dass meine Einschätzung falsch war. Mehr als einmal habe ich mich dafür geschämt.

Wie werde ich von anderen eingeschätzt? Wie gut, dass unser Vater im Himmel jeden von uns durch und durch kennt und mit allem Drum und Dran liebt.

Platz da, jetzt komme ich! Eine dicke Amsel landet auf dem Geländer neben dem Futterhaus und macht den Spatzen unmissverständlich klar, dass sie jetzt an der Reihe ist. Ihr schwarzes Federkleid weist sie als ein männliches Tier aus.

Mit einem Satz sitzt sie mitten im Futter. Mit ihrem gelben Schnabel bearbeitet sie den Apfel, den ich für die Weichfresser hingelegt habe. Denn Amseln holen sich lieber Insekten, Äpfel und Pellkartoffeln oder Haferflocken mit Fett als die sonst begehrten Samen. Ansonsten ernähren sie sich gerade im Winter von Beeren und Früchten. Ein Teil der Amseln zieht im Winter aber auch in südlichere Gefilde.

Endlich scheint die Amsel satt zu sein und räumt das Feld. Es dauert nicht lange, da hat ein Grünfink seine Chance genutzt. Mit seinem kräftigen Schnabel knackt er die Kürbis- und Sonnenblumenkerne. Grünfinken kommen oft zu Besuch und lassen sich an ihrer auffälligen Gefiederfarbe leicht erkennen.
Inzwischen haben sich die Meisen an die Meisenknödel herangemacht. Die Füßchen am Netz festgekrallt, picken sie in die begehrte Talg-Samenmischung. Sehr akrobatisch!

Wo bleibt denn der Dompfaff? Er saß doch eben schon ganz in der Nähe auf einem Ast. Jetzt traut er sich auch heran. Mit seinem leuchtend roten Bauch ist er ein richtiger Farbtupfer in der Vogelschar. Allerdings macht ihm der Buchfink hier ernsthafte Konkurrenz. Sein rostroter Bauch, die braunweiß gebänderten Flügel und der graublaue Kopf machen ihn ebenfalls zu einem Hingucker. Ob er sich wohl einsam fühlt? Während die Buchfinken-Männchen meist

bei uns überwintern, ziehen die Weibchen nämlich in wärmere Regionen – in jedem Fall reisen sie getrennt in den Süden. Der lateinische Name „coelebs" (der Ehelose) bringt das zum Ausdruck.

Der Dritte in diesem Bunde ist das Rotkehlchen. Seine orangerote Brust hebt sich deutlich von seinem braunen Deckgefieder ab. Vermutlich ist dieses Rotkehlchen aus dem Norden für die Winterzeit zu uns gekommen. Die nordischen Rotkehlchen sind etwas dicker. Bei gutem Wetter kann man diese kleinen Vögel sogar singen hören, denn sie besitzen Winterreviere, die sie mit ihrem Gesang verteidigen.

Das Rotkehlchen hat in einigen Christuslegenden einen Platz gefunden. So soll es, als Jesus am Kreuz hing und es die spitzen Dornen in dessen Kopf sah, bitterliche Tränen geweint haben. Es flog zu ihm hin und brach einen Dorn heraus. Dabei fiel ein Blutstropfen auf seinen Brustlatz und färbte ihn rot. Damit dieses Ereignis nie vergessen wird, wurde die Kehle des Vögelchens für immer rot gefärbt.

Es ist einfach schön, diese Vögel zu beobachten. Mit etwas Glück kann man noch viel mehr Arten entdecken, zum Beispiel die Heckenbraunelle oder den Kernbeißer. Mich berührt immer wieder die Zartheit und Zerbrechlichkeit dieser Tiere, die trotzdem meist stark genug sind, dem Winter bei uns zu trotzen – manche von ihnen vielleicht auch nur mit unserer Hilfe.

Rezept

Winterliche Spaghetti mit Rosenkohl

Zutaten:
500 g Rosenkohl
50 g dünn geschnittener, geräucherter Bauchspeck
1 Zwiebel
125 ml Gemüsebrühe
200 ml Sahne
300 g Spaghetti
Butter zum Anbraten
Salz, frisch gemahlener Pfeffer
frisch geriebener Parmesan

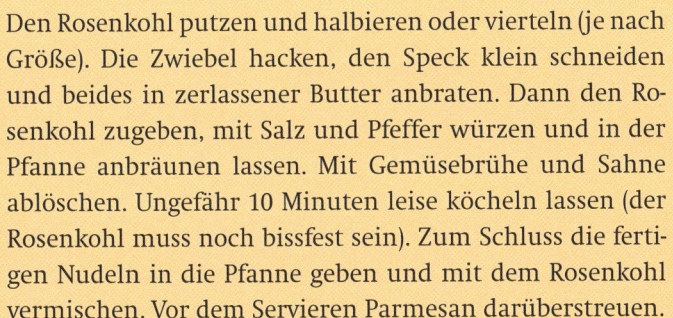

Den Rosenkohl putzen und halbieren oder vierteln (je nach Größe). Die Zwiebel hacken, den Speck klein schneiden und beides in zerlassener Butter anbraten. Dann den Rosenkohl zugeben, mit Salz und Pfeffer würzen und in der Pfanne anbräunen lassen. Mit Gemüsebrühe und Sahne ablöschen. Ungefähr 10 Minuten leise köcheln lassen (der Rosenkohl muss noch bissfest sein). Zum Schluss die fertigen Nudeln in die Pfanne geben und mit dem Rosenkohl vermischen. Vor dem Servieren Parmesan darüberstreuen.

Fotonachweis